INSTAGRAM MARKETING

LA GUIDA DEFINITIVA PER FAR CRESCERE IL TUO PROFILO ED AUMENTARE LE VENDITE

Francesco Carli

Questa pagina è stata lasciata vuota di proposito

SOMMARIO

INSTAGRAM MARKETING

Francesco Carli

CAPITOLO UNO

PERCHÈ IL SOCIAL MEDIA MARKETING È IMPORTANTE PER LA TUA ATTIVITÀ?

S ocial Media Marketing, il nuovo strumento nel mondo del business che ha mostrato una promettente ascesa negli ultimi anni. Il mondo del web e i Social media ci vanno pazzi ed esso ha mostrato un tasso del 100% di lead-to-close rispetto al marketing outbound. Oggi il 90% dei marketer B2B utilizzano i social media in un modo o nell'altro. Indipendentemente da cosa vendi e dal tuo pubblico, l'utilizzo del social media marketing è uno strumento di successo per far crescere il tuo marchio!

Non avere una presenza attiva sui social media significa vivere nell'antichità. La gente potrebbe chiedersi: "come mi torneranno utili i social media? Ne ho bisogno" Sì. Si, ti servono, ecco qui il perchè:

1. Maggiore traffico sul web

I post sui social media possono indirizzare un traffico mirato. La creazione di una nuova pagina sul tuo sito, le landing page, i post sui social media ben posizionati possono fare la differenza. Un singolo link su Reddit o i link inviati a StumbleUpon possono trasformare una pagina visitata da un paio di persone al giorno a centinaia di visitatori.Chi non vorrebbe approfittarne?

2. Potenziare il SEO

I social media possono potenziare il SEO del tuo sito. I motori di ricerca conoscono le pagine che guadagnano costantemente e quelle che rimangono dimenticate e ignorate. Portare traffico alle tue pagine ottimizzate con poi sui social media le aiuterà a salire di posizione velocemente nei risultati dei motori di ricerca (SERPs).

3. Connettiti con i consumatori e con i leader del settore.

I social media permettono di costruire un vero e proprio rapporto. Il marketing su Instagram può farti interagire gratuitamente con la tua base clienti - puoi leggere i loro tweet e gli aggiornamenti di stato per avere informazioni sulla loro vita quotidiana, come ad esempio quali prodotti preferiscono e perché, ecc.

Puoi anche usare i social media come strumento per connetterti con i leader di pensiero e creatori di tendenze del tuo settore, così come con i giornalisti.

4. Trasmetti il tuo messaggio

Dato che la gente considera Instagram, Twitter, e Facebook come social network, non come macchine per il marketing, è meno probabile che veda ciò che pubblichi come marketing e sarà più probabile che senta ciò che hai da dire. Questo si traduce in traffico web rilevante quando colleghi il tuo sito e pubblichi messaggi che si commercializzano da soli, mentre i tuoi amici e i tuoi follower condividono quello che hai postato..

5. Targeting e re-targeting con le pubblicità ads.

La natura altamente personalizzabile delle pubblicità sui social media, come quelle su Facebook, è uno dei motivi per i quali i social media sono importanti. Questi annunci possono essere pubblicati considerando fattori come luogo, istruzione, l'industria e persino la storia e le pagine ai quali è stato messo "mi piace". Puoi anche scegliere di ritargettare i visitatori e convertire anche loro in lead e vendite.

6. Fatti notare agli eventi

È facile farsi notare agli eventi e generare copertura sui media con i post sui social media. In qualsiasi evento non c'è niente di meglio che sfruttare la tua presenza con l'aiuto dei social media.

7. Risposta immediata

Grazie il feedback che ricevi nel processo di SMM, sarai il primo a sapere quando ci sono problemi. Così potrai attivarti e risolverli subito e i clienti apprezzano le compagnie che rispondono alle lamentele dei propri clienti.

8. Fidelizzazione al marchio

La fedeltà al marchio può essere sviluppata su una forte presenza sui social media. Si è scoperto che i marchi con profili social media attivi hanno clienti più fedeli.

Essere attivi sul social media ti aiuta a diventare meno simile ad un'impresa e più simile a chi sei veramente - un gruppo unito di persone che condividono la stessa visione.

INSTAGRAM FUNZIONA PER TE?

Instagram può funzionare meglio per alcune attività rispetto che ad altre. Conta più di 800 milioni di utenti mensili ed è in continua crescita. Inoltre, essendo parte di Facebook, c'è tanta pressione sulla suo successo. Ma Instagram può andare bene per la tua attività?

Instagram è una piattaforma di marketing particolarmente grafica. Se sei un fornitore di servizi, puoi pubblicare una serie di foto per promuovere il tuo marchio e la value proposition. In ogni caso, puoi veramente metterti in mostra se hai prodotti fisici e una strategia di marketing su Instagram ti aiuterà senza alcun dubbio a migliorare le vendite ed i profitti.

Marketing su Instagram

Proprio come qualsiasi altro social network i migliori risultati derivano dall'aumento costante dei tuoi follower. Più persone si mettono in rete con i tuoi post e più il tuo pubblico potenziale del tuo marchio aumenterà.

Instagram e gli annunci di Instagram ti offrono l'opportunità di connetterti con le persone della tua nicchia in modo grafico e divertente. È facile da usare se hai uno smartphone. Carica una foto e i tuoi follower la vedranno e potranno interagire con essa.

Stabilisci una call to action

L'errore principale commesso dai marketer è quello di postare le cose online senza una call to action. Stabilisci un obiettivo per ogni post e utilizzalo per determinare la tua call to action, ad esempio "registrati ora" o "acquista ora".

Use le Analisi

Le analisi su Instagram permettono alla tua azienda di vedere come funzionano bene le tue varie campagne. Per accedere agli strumenti è necessario registrare un account aziendale. Gli strumenti ti aiuteranno poi a comprendere come i tuoi follower vengono coinvolti con i tuoi contenuti, in modo da poter ottenere risultati ancora migliori.

Promozioni incrociate

Non tutti usano Instagram, quindi sfrutta ogni post con un post incrociati su Facebook, Twitter, Tumblr, Pinterest, ecc. Non dimenticarti anche di invitare le persone a seguirti su Instagram.

Non postare troppo

Scegli due momenti, di giorno e di sera, e scopri quando ottieni il riscontro migliore. Poi aggiungi i post in modo costante, o riducili se ottieni un riscontro minore.

Storie di Instagram

Le storie di Instagram consentono alle aziende di interagire con i propri e potenziali clienti realizzando una serie di immagini per raccontare una storia. Ogni storia creata dovrebbe valorizzare il tuo marchio e rendere chiara la tua value proposition.

La cosa più importante da ricordare delle storie Instagram è che non sono eterne. Le immagini e i video rimangono sul tuo feed per solo 24 ore, per poi scomparire. Le storie Instagram possono essere utilizzate per aumentare la consapevolezza del marchio, ottenere più abbonati e generare vendite. Pubblica le tue storie quando sai di essere popolare tra i tuoi utenti, in modo da sfruttare al meglio il ciclo delle 24 ore.

COME ESPLORARE INSTAGRAM COME PIATTAFORMA DI SOCIAL MEDIA MARKETING

Per rafforzare il tuo marketing su Instagram, innanzitutto, devi aumentare i tuoi follower in modo costante e stabile. Più le persone sono a conoscenza del tuo marchio, maggiori sono le tue possibilità di raggiungere potenzialmente il tuo target di riferimento. Esaminiamo i suggerimenti e le tattiche di come esplorare Instagram come piattaforma di social media marketing per rendere il tuo marchio più famoso.

1. Usa hashtag unici, belli e accattivanti

2. Gli hashtag non sono importanti solo per Twitter, ma svolgono anche un ruolo di primo piano su Instagram. È un modo importante per trovare gli utenti attraverso le loro ricerche su Instagram. Rispetto a Twitter, qui non si è limitati dal numero di caratteri. Puoi includere alcuni tag nei tuoi post

per connetterti. Quando decidi di creare un hashtag per il branding, ricordati che è consigliabile creare degli hashtag specifici per il marchio. Cerca di mantenerlo il più possibile unico e chiaro. Prova diverse varianti di hashtag, come gli hashtag specifici del marchio, gli hashtag generali e gli hashtag di tendenza, per farti notare nelle ricerche.

Esempi di hashtag specifici per marchio sono:

#PutACanOnIt-Red Bull

#TweetFromTheSeat-Charmin

#OreoHorrorStories-Oreo

#WantAnR8-Audi

Un hashtag generale ideale dovrebbe essere elaborato con due parole anziché una sola parola per renderlo rilevante. Ad esempio #QL, dove #AskQL è un hashtag migliore.

2. Interagisci costantemente con i tuoi follower

Una volta che avrai dei follower, non esitare a coinvolgerli. Posta costantemente contenuti di grande effetto che i tuoi follower ritengono rilevanti per il loro interesse e per la loro attività. Evita, per quanto possibile, di pubblicare post a caso, cioè una volta alla settimana o dieci in una sola volta. Bisogna pubblicare almeno due volte al giorno. Una volta che i tuoi follower iniziano ad aumentare, puoi iniziare a pubblicare da tre a quattro volte al giorno. La costanza è la cosa più importante! Secondo Anthony Carbone, "Se ti limiti ad una nicchia e mostri autenticità e passione nei tuoi post, troverai un grande seguito".

Più persone riesci a coinvolgere dinamicamente e a convincere a commentare i tuoi contenuti (immagini/video), meglio sarà per te. Così facendo, inculcherai interesse anche ad altre persone che vogliono contribuire o commentare i tuoi contenuti.

3.Non annoiare il tuo pubblico con troppe informazioni

Indubbiamente la coerenza è inevitabile, ma se non ha armonia e pertinenza nei contenuti, diventa spam o fornisce informazioni in sovrabbondanza. Pubblica in modo frequente e costante. Piuttosto che predicare, coinvolgi. A volte è meglio chiedere, devono sentirsi valorizzati. Fai in modo di trarne un'interazione significativa.

La proporzione ideale di post basati sui follower suggeriti dagli esperti del settore è la seguente:

4. Sfrutta al massimo gli strumenti gratuiti

Instagram fornisce anche strumenti di analisi gratuiti per i profili aziendali; fanne buon uso per promuovere i tuoi prodotti e servizi. Ad esempio, "insights", uno strumento analitico, ti fornisce l'accesso ai dati relativi al coinvolgimento. Se il tuo account è stato inizialmente registrato come account personale per la tua azienda, passa a un profilo aziendale. Così facendo, potrai sfruttare i vantaggi degli strumenti gratuiti che le aziende utilizzano per tracciare la forma del loro marchio su Instagram. "Insights" ti aiuta a conoscere il tuo pubblico, ti fornisce dati sui post con la maggior parte delle impressioni, dei coinvolgimenti e delle azioni. In definitiva, puoi capire quali post sono efficaci e quali non rispondono bene al tuo pubblico.

5. Repurpose content from other related sources

Come indicato nei paragrafi precedenti, un marketing efficace e di successo su Instagram prevede la pubblicazione di post coerenti relativi ai tuoi prodotti e servizi. È ovvio che inventare un post creativo e coinvolgente ogni volta non è così facile come sembra. È qui che la rielaborazione dei contenuti o la cura dei contenuti offre una mano d'aiuto. Se si mette un tag o si menziona chi il postatore originale, si tratta di una pratica di marketing completamente etica e non ricade nel campo del plagio. Devi assicurarti che i post che riproponi o curi siano rilevanti per i tuoi follower.

Il social media marketing tramite Instagram può facilitare il raggiungimento dei tuoi obiettivi aziendali mirati con molta facilità. Usa Instagram in modo esaustivo e appropriato, espandendoti. Ci sono vari altri consigli e tattiche per promuovere al meglio i tuoi prodotti e servizi su Instagram, oltre a questi top 5 che dovresti tenere a mente.

CAPITOLO DUE

COME COSTRUIRE IL BRAND AWARENESS E FOLLOWER UTILIZZANDO IL MARKETING SU INSTAGRAM

Con l'integrazione e la sempre maggiore importanza dei segnali sociali per l'algoritmo di Google, sempre più persone sono invitate a utilizzare le piattaforme dei social media per far salire alle stelle i loro impegni nella pubblicità. Una delle piattaforme che sta guadagnando moltissima attenzione da parte degli specialisti SEO e dei marketer di Internet è Instagram. Ma come qualsiasi altra strategia commerciale, non si può semplicemente saltare sul carro dei vincitori e vedere i risultati. Conoscere il modo giusto di fare marketing su Instagram, quindi rafforzare la notorietà del marchio e guadagnare più follower.

Instagram ha conquistato il comando rendendo il web più grafico, creando fotografi accaniti tra gli utenti medi e gli specialisti del marchio delle aziende che hanno colto il potenziale di tale piattaforma. La condivisione delle foto si è dimostrata un ottimo modo per suscitare un buon interesse, incrementare le relazioni con i clienti e stimolare la partecipazione attiva e la discussione da parte degli utenti. Per usufruire di tutti questi promettenti vantaggi, cosa serve per rendere la tua campagna di marketing un successo?

1. Prepara e gestisci il tuo account in modo professionale. Se non deleghi l'ottimizzazione dei social media a terzi, devi prenderti il tempo necessario per creare e gestire un account... in modo professionale. Immagina come vorresti che le persone ricordassero e percepissero la tua attività. Una buona strategia di marketing Instagram da tenere in considerazione è quella di Burberry, un marchio di moda di lusso britannico. Tra le foto che condividono ci sono quelle scattate durante i loro eventi, dietro le quinte. Così facendo, fanno in modo che i follower si godano "l'esperienza" grazie a foto da insider sfarzose e glamour. Questo stimola l'interesse e la condivisione.

2. Prepara un programma. Nessun utente vorrebbe seguire un account che carica 30 foto alla volta, ogni giorno. Anche se riempire il tuo feed con tutto quello che hai nella tua fotocamera può essere allettante per far fidelizzare le persone al marchio, questa mossa può solo portare ad avere follower infastiditi che decideranno di non seguire il tuo account e persino di contrassegnare i tuoi post come spam. Concentrati sulla qualità e sulla creatività, e la tua unica foto potrà trasmettere il tuo messaggio in modo più efficiente rispetto all'articolo più lungo che puoi scrivere.

3. Carica foto vere. Il successo della tua campagna di marketing su Instagram dipende fortemente dalla creatività delle tue foto. Non riempire mai il tuo feed con foto di testi che raccontano notizie, eventi o promozioni. Condividi foto reali e creative e se devi inserire qualche testo, allora le didascalie servono proprio a questo. E se avessi difficoltà a decidere cosa pubblicare, ecco alcune idee per la strategia dei contenuti:

Immagini dei tuoi prodotti in vari scenari o sfondi.

Le immagini di persone, famose o comuni, che utilizzano i tuoi prodotti, possono essere le solite, sincere, divertenti o non convenzionali.

4. Hashtag. Nell'ottimizzazione dei social media, gli hashtag aiutano principalmente a categorizzare i post. Questi possono anche essere utilizzati per creare comunità con gli stessi interessi all'interno della piattaforma di condivisione delle foto. Un altro modo per massimizzare l'uso degli hashtag è quello di indire concorsi con premi in palio.

Instagram è perfetto per la tua attività

Instagram è un'applicazione mobile che consente agli utenti di scattare e/o caricare istantaneamente foto e modificarle rapidamente utilizzando set di filtri unici e una funzione tilt-shift (effetto 3-D) che li contraddistingue da tutti gli altri. La sua popolarità è aumentata più velocemente di qualsiasi altra app per cellulare ed è molto probabilmente il motivo per cui chi è in fila accanto a te da Starbuck's sta scattando una foto alla vetrinetta dei dolci senza alcun motivo apparente. Instagram crea dipendenza e ha conquistato un'intera nazione di utenti iPhone e Android. E dove va il pubblico, dovrebbe andarci anche la tua attività.

Se sei il proprietario della tua azienda e/o la persona responsabile del marchio e dei social media, dovresti conoscere le ragioni per cui Instagram è perfetto per la tua attività:

1. Instagram è istantaneo

Non devi aspettare di tornare a casa o in ufficio per sfruttare appieno i vantaggi di Instagram per la valorizzazione del marchio. Utilizzando il tuo iPhone o dispositivo Android, scatti la foto, la modifichi, la carichi, aggiungi un commento (ricordati le parole chiave di #hashtag) e la condividi dal profilo del tuo marchio in pochi secondi.

2. Non sono necessari account duplicati

A differenza di Facebook e Google+, dove bisogna creare un profilo personale completo prima di poter creare una pagina di un marchio, su Instagram si può entrare direttamente come marchio senza alcuna conseuenza. È un processo di configurazione piuttosto semplice.

3. Ognuno di noi ha un fotografo dentor di sé

Molti imprenditori non sanno come utilizzare i social network per aumentare la propria base di clienti, perché non sanno usare le parole e non sanno come perfezionare i loro strumenti creativi per il marketing dei contenuti. Ma a tutti piace fare foto e siamo sinceri: tutti noi abbiamo la sensazione di saperci fare con la macchina fotografica.

Mentre i risultati della camera oscura spesso dimostrano il

contrario, la facilità e l'infallibilità dell'editing di Instagram ti trasformerà di fatto nell'Herb Ritts del tuo product/service content marketing.

4. Fa apparire il tuo marchio più interessante

Questo è il bello di utilizzare Instagram per presentare il tuo prodotto/servizio. I filtri di Instagram rendono i fornitori di articoli per ufficio, i servizi di smaltimento dei rifiuti e anche i marketer di internet attraenti. Usate Instagram per mostrare il tuo prodotto/servizio e anche la tua cultura aziendale catturando momenti di sincero lavoro in ufficio. Gli album Instagram donano personalità ai marchi in un modo che finora nessun'altra rete di condivisione è riuscita a realizzare.

5. Crea una pagina del luogo della tua attività

Google Places e le nuove Google+ Local Pages per le aziende hanno dimostrato quanto sia importante avere una posizione fisica legata alla presenza online del tuo marchio. L'integrazione di Instagram con la banca dati delle location di Foursuare ti permette di geolocalizzare la location da cui è stata scattata la foto (cioè la tua sede di lavoro) e di aggiungerla alla pagina delle location su Instagram. Se gli utenti consultano le foto in base alla località e vedono un tuo prodotto che li interessa all'interno della loro area, potresti avere un nuovo cliente. Se una località non è presente nell'elenco, puoi aggiungere la tua attività al database di Instagram/Foursquare.

6. È più facile trovare follower

Poiché non è possibile pubblicare link su Instagram, il pubblico non si sentirà bombardato dallo SPAM quando seguirà l'account del tuo marchio. Se pubblichi spesso immagini interessanti che presentano il tuo prodotto su Instagram, i clienti sono più propensi a seguirti su Instagram che su qualsiasi altro Social Network. Sarà più facile ottenere la fidelizzazione del marchio con una base di fan più ampia. Poiché Instagram si collega facilmente ai tuoi account Facebook e Twitter, aiuta anche questi social network a crescere per te. Però valgono le stesse regole del social network marketing - interagisci con (commenta e "mi piace") e INNANZITUTTO segui i tuoi clienti. Su Instagram, ricambiano il follow.

Anche se non offre le opportunità di collegamento da cui molti marketer di internet sono incrediblmente ossionati, Instagram è la rete di condivisione social più facile e divertente da usare disponibile e può essere uno strumento straordinario per sviluppare la personalità del marchio della tua azienda e per ottenere il riconoscimento del marchio con la tua base di clienti online.

Consigli per utilizzare instagram per il marketing dell'attività

Centinaia di milioni di persone in tutto il mondo usano Instagram ogni giorno. Questo potente social media ti dà l'opportunità di comunicare con un numero significativo di persone in diverse zone del mondo.

Utilizzare Instagram per il marketing aziendale può aiutarti a consolidare il tuo marchio, ottenere più traffico, far crescere la tua lista di iscritti alle e-mail e generare vendite.

1. Sii social

Quando utilizzi Instagram per il marketing aziendale, pensa social, non alla pubblicità. Crea contenuti con cui il tuo pubblico interagirà, piuttosto che ignorarli perché sembrano troppo spammosi. Dimostra che ti piacciono le immagini nella tua nicchia per far sì che la gente sia interessata a seguirti.

2. Apporta valore

Gli utenti di Instagram sono clienti attivi che fanno le loro ricerche, quindi più informazioni puoi offrire loro in termini di immagini, gallerie e storie, meglio è.

3. Usa le storie

Le storie di Instagram forniscono informazioni istantanee e gratificazione immediata. Durano solo 24 ore, quindi creano un senso di entusiasmo e di urgenza.

4. Usa gli hashtags

Molte persone cercano attivamente hashtag precisi, e le tue immagini saranno lì ad aspettarli. Uno studio condotto da Instagram ha dimostrato che l'aggiunta di almeno un hashtag a tutti i tuoi post crea in media un aumento di coinvolgimento del 12%.

5. Call to action

Ogni post che produci dovrebbe avere un call to action che corrisponda al tuo obiettivo di business nel crearlo. Instagram fornisce una serie di pulsanti, come ad esempio 'Acquista Adesso'.

6. Collega il tuo sito

Instagram è un ottimo modo per indirizzare il traffico verso il tuo sito. Più del 50% degli utenti del sito di social media seguono almeno un'attività e dicono di aver scoperto un prodotto o un servizio grazie ad Instagram.

7. Immagine del marchio coerente

Resta coerente con il tema della tua pagina. Includi solo foto, hashtag, didascalie e video pertinenti all'argomento della tua pagina.

8. Crea un buon profilo

Assicurati che il tuo profilo Instagram fornisca al tuo target di riferimento informazioni su chi sei e cosa fai. Il motore di ricerca di Instagram è basato sul testo e avrai maggiori possibilità che qualcuno ti trovi se il tuo nome utente ha una o due parole chiave pertinenti per la tua attività.

9. Passa da personale ad aziendale

Converti il tuo account in uno aziendale per avere accesso a tutti gli strumenti e le analitiche disponibili.

10. Usa le tue analitiche

Analizzare i tuoi sforzi di marketing su Instagram è davvero facile. Instagram Insights ti fornisce tutti i dati significativi della tua pagina. Ti permette di sapere come i tuoi sforzi di marketing stanno dando i loro frutti.

GUIDA AD INSTAGRAM ANALYTICS

Instagram come piattaforma di social media è molto vivace. Condivisione di immagini, condivisione di video, storie dal vivo, geolocalizzazione, feed di hashtag, post di immagini multiple, miglioramenti nella funzione DM, adesivi e sondaggi per le storie di Instagram e tutta una nuova serie di funzionalità avanzate per la piattaforma vengono inserite molto spesso nell'applicazione.

Limitandosi ad essere solo un'applicazione per smartphone e un semplice sito web, Instagram è diventata una delle applicazioni social più utilizzate e amate al giorno d'oggi.

Detto questo, ciò di cui si è discusso è l'aggiornamento dell'API di Instagram e le modifiche dell'API di Instagram. Dopo il rilascio delle modifiche all'API di Instagram, l'esasperazione si è diffusa ovunque tra i marchi e i marketer. I marchi e le applicazioni di terzi sono stati oggetto di norme e regolamenti rigorosi e sono stati obbligati a rispettare l'aggiornamento dell'API.

Prima del rilascio dell'API di Instagram, le aziende dovevano consultare le statistiche mediante gli insight sull'applicazione. Adesso, gli approfondimenti sulle statistiche sono accessibili sulla nuova piattaforma API migliore.

Il tracciamento delle prestazioni dei contenuti organici su strumenti di terze parti sarà ora più facile con questa API, poiché ora è realizzata con lo stesso approccio della Graph API di Facebook.

Le nuove metriche e i nuovi insight permetteranno alle aziende di rimanere in vantaggio nella corsa alle prestazioni dei loro contenuti organici rispetto a quelli che precedentemente li acquisivano con strumenti di terze parti.

Perché sono necessarie le metriche e le analisi di Instagram?

L'analitica di Instagram è una parte cruciale delle strategie di marketing di Instagram. Gli interventi di marketing dei marchi possono rivelarsi uno spreco di denaro e di risorse senza un adeguato rapporto analitico. Le analitiche aiutano a determinare quanto siano valide le strategie di marketing. I risultati ottenuti dopo l'applicazione della strategia di marketing ecc. possono essere facilmente tracciati per migliorare le prestazioni e l'approccio verso i contenuti di marketing e pubblicitari.

Le prestazioni del marchio su Instagram possono essere facilmente decodificate con le analitiche di Instagram con il nuovo aggiornamento delle API di Instagram.

Funzione di monitoraggio del contenuto

L'aggiornamento delle API di Instagram comprende una nuova funzionalità che consente alle aziende di limitare e moderare i contenuti. Le aziende possono utilizzare questa funzionalità in modo efficace per nascondere i commenti in funzione del contenuto organico. Come opzione flessibile per visualizzare o meno i commenti e passare da un commento all'altro, questo consente di mantenere una piattaforma ottimale per l'espressione dei pensieri.

Compatibilità del profilo aziendale con l'aggiornamento dell'API di Instagram

Per accedere all'aggiornamento dell'API di Instagram è necessario un profilo aziendale su Instagram. Per l'utilizzo di strumenti di terze parti con l'API appena rilasciata è necessario anche effettuare l'accesso a Facebook.

Gli strumenti API esistenti possono essere utilizzati e accessibili alle aziende, ma ciò non comporta il vantaggio di accedere alle nuove funzionalità. Inoltre, l'accesso a Facebook sarà un aiuto in tal senso.

Instagram API come l'API di Facebook Graph.

Metriche di aggiornamento delle API di Instagram e analisi che dovresti conoscere.

Instagram dispone di un'ampia gamma di metriche e approfondimenti per i marchi e le aziende per quantificare le loro prestazioni, confrontare e analizzare i loro obiettivi e risultati, comprendere i gusti e i comportamenti del pubblico e quindi apportare cambiamenti nelle loro strategie di marketing di conseguenza.

Per i singoli post, i marchi possono tenere traccia della portata, delle impressioni, dei salvataggi e delle visualizzazioni di video e profili.

Nelle storie, i marchi possono tenere traccia dei tassi di uscita, delle impressioni, dei clic sul sito web, della portata, delle risposte e delle informazioni sulle persone. Le storie su Instagram sono un nuovo metodo che aiuta gli inserzionisti a tenere traccia delle performance.

Per il pubblico, i marchi possono tracciare il percorso, il sesso, le posizioni principali. L'età e il genere sono informazioni generali che vengono richieste per ogni piattaforma social.

Dopo che Instagram ha modificato le sue API per i siti web e l'accesso, sta diventando sempre più cruciale, ogni giorno che passa, per i marchi, adattarsi ad esse per un'attività fiorente.

CAPITOLO TRE

COME CREARE UNA STRATEGIA DI MARKETING EFFICACE SU INSTAGRAM

Milioni di persone in tutto il mondo utilizzano Instagram. Instagram ha semplificato la possibilità di scattare foto e di condividerle con gli amici e molte persone si divertono a farlo. Oltre al networking, è possibile utilizzare Instagram in un modo più efficiente dal punto di vista del marketing. Instagram è un ottimo strumento promozionale che puoi utilizzare per promuovere la tua attività online.

1. Racconta la storia utilizzando foto e video

Le foto valgono mille parole e Instagram è fatto di immagini. Se sei su Instagram per fini di marketing, allora dovresti capire che le foto a caso non funzionano. Devi pubblicare costantemente le foto del tuo prodotto. La pubblicazione di foto dei tuoi prodotti è uno dei modi migliori per aumentare la notorietà del tuo marchio e incrementare le vendite dei tuoi prodotti. Le foto non devono necessariamente essere estremamente professionali. L'importante è che le foto mettano in evidenza le caratteristiche e le funzioni principali dei prodotti che stai promuovendo. Le immagini dovrebbero attirare un vasto pubblico su Instagram.

Anche i video sono importanti nel marketing di Instagram. Puoi creare e condividere un video con i tuoi collaboratori per promuovere il prodotto in questione.

Puoi anche scegliere di fare un video di recensione del prodotto dal vivo e condividerlo su Instagram. Le immagini e i video sono più accattivanti per molte persone rispetto ai file di testo. I file multimediali hanno maggiori possibilità di diventare virali man mano che le persone li condividono. Sono anche più indimenticabili dei file di testo. Crea foto e video che mostrano la storia e i valori del tuo marchio. Perciò le immagini e i video sono importanti se vuoi migliorare il tuo marchio e le vendite.

2. Usa media di qualità

Per migliorare la visibilità, devi produrre e condividere foto e video di alta qualità nei tuoi feed. Se necessario, chiedi l'assistenza o la consulenza professionale di un fotografo. Comunque, puoi usare una buona macchina fotografica per scattare foto dettagliate. Cerca di scattare le foto dalle angolazioni migliori. Modifica le foto per ottenere risultati migliori. Al giorno d'oggi i cellulari sono dotati di strumenti di fotoritocco appositamente studiati per questo scopo. Anche Instagram dispone di diversi strumenti di fotoritocco. Applica questi strumenti per il tuo marketing su Instagram.

3. Connettiti con i tuoi follower

Mantenere un contatto con i tuoi clienti è essenziale, in particolare per lo sviluppo di attività con una piccola quota di mercato. Puoi iniziare mostrando ai tuoi clienti che sei interessato al loro feedback. Puoi ottenere questo risultato rispondendo alle loro domande e ai loro commenti.

Questo migliorerà i contenuti generati dagli utenti e la credibilità, oltre a promuovere la visibilità dei tuoi prodotti e del tuo business. I tuoi follower di Instagram possono influenzare in modo significativo il successo della tua attività e non dovresti mai sottovalutarli.

4. Usa gli hashtag

Gli hashtag sono importanti nel marketing su Instagram. È necessario utilizzarli perché gli utilizzatori di Instagram interagiscono utilizzando gli hashtag. Gli hashtag permettono agli utenti di rendere i tuoi contenuti ricercabili e sono importanti se vuoi aumentare i tuoi follower. Gli hashtag come i media possono creare un effetto virale che è proficuo per la tua attività. Puoi anche approfittare degli hashtag di tendenza, specialmente se gli hashtag sono legati al tuo prodotto. Questo è importante perché gli utenti di Instagram possono utilizzare gli hashtag per cercare i post.

5. Usa hashtag brandizzati

Dovresti includere il nome della tua attività nei tuoi hashtag. Utilizza hashtag unici per una particolare campagna promozionale che hai preparato. Questo non solo promuove la tua campagna, ma fornisce anche un hashtag unico per i tuoi clienti da collegare e condividere con gli altri partecipanti.

6. Mantieni un atteggiamento amichevole con tutti

Quando fai marketing su Instagram, devi capire che Instagram è una comunità composta da persone con idee, emozioni e background diversi. Sii sempre cordiale con tutti e apprezza il loro tempo per connettersi con te sulla tua pagina. Assicurati sempre di ascoltare i tuoi clienti.

7. Sii attivo

Pubblica almeno una volta al giorno per mantenere le cose aggiornate e garantire che i tuoi follower siano sempre aggiornati sugli eventi in corso. Puoi sperimentare l'invio di messaggi in diversi momenti della giornata per vedere a quale ora i tuoi messaggi sono più efficaci.

8. Coerenza

La coerenza è fondamentale nel marketing su Instagram. Sii coerente nei tuoi post e sviluppa un tema che sia evidente nei tuoi post. Fai sapere ai tuoi follower che cosa devono aspettarsi da te.

9. Collega i tuoi account di Instagram e Facebook

Collega i tuoi account di Instagram e Facebook per migliorare il tuo potenziale di marketing. Oggi è possibile avere una scheda Instagram sulla tua pagina Facebook. Questo ti permette di condividere i tuoi messaggi di Instagram con i tuoi follower di Facebook se hai una pagina fan.

Tramite Instagram puoi entrare in contatto con gli amici e con il mondo intero. Instagram può essere utilizzato per scopi di marketing. Il marketing su Instagram può migliorare la visibilità del tuo marchio, aumentare le vendite e, di conseguenza, i ricavi. Considera i suggerimenti di marketing di Instagram sopra citati per raggiungere il successo.

STRATEGIA DI MARKETING SU INSTAGRAM

Come imprenditore sempre alla ricerca di nuovi modi per pubblicizzare i tuoi prodotti e servizi, dovresti prendere in considerazione Instagram per il tuo piano di social media marketing. Essendo uno dei social network in maggiore crescita al mondo, Instagram conta oltre 800 milioni di utenti attivi in tutto il mondo, generando 40 milioni di immagini al giorno. Se queste cifre non ti impressionano, non sappiamo cos'altro potrebbe farlo! Inutile dire che questo social network basato sulle immagini offre innumerevoli possibilità per il marketing del marchio. Utilizza questo sito per coinvolgere e influenzare i clienti esistenti e potenziali. Qui di seguito, troverai alcuni consigli su come fare marketing con Instagram.

1. Pubblica contenuti autentici. Questo è un consiglio che molti non riescono ancora a seguire. I contenuti dovrebbero essere sempre veri, su persone e cose reali. Le cose immaginarie e inventate non hanno spazio in nessun sito di social media. Questi ti screditerebbero e influirebbero negativamente sulla tua immagine aziendale.

2. Condividi contenuti di alta qualità. Cosa definisce l'alta qualità? I messaggi che non sono solo accattivanti, ma anche interessanti, informativi e coinvolgenti possono essere definiti come tali. Inoltre, dovresti pubblicare qualcosa che sia di grande aiuto per il tuo pubblico. Pubblica foto passo dopo passo su come ristrutturare un vecchio mobile in legno, se la tua azienda è un negozio di arredamento per la casa.

3. Sii costante. Il problema di alcuni imprenditori è che non hanno il tempo di pubblicare tutte le volte che serve. Qualcuno, invece, è troppo pigro per farlo. Qualunque sia il motivo della tua incostanza, dovresti fare qualcosa. Massimizza le capacità di marketing di Instagram restando coerente con la libertà dei tuoi post. Se gli affari ti tengono lontano dal computer per la maggior parte della giornata, prendi in considerazione l'assunzione di uno specialista dei social media per fare queste cose per te.

4. Usa hashtag rilevanti. Gli hashtag aiutano a rendere i tuoi post più visibili al tuo pubblico. Assicurati di utilizzarne molti, ma scegli quelli che sono particolarmente rilevanti per la tua attività e che sono adatti al contesto dei tuoi post.

5. Crea relazioni. Come per altri social network, Instagram è anche un luogo ideale per connettersi con altre persone, in particolare con i potenziali clienti. Cerca di coltivare i rapporti con loro.

Parla con gli altri utenti e ringraziali per aver condiviso le immagini relative al tuo marchio.

6. Fornisci una risposta appropriata ai feedback negativi. Non tutte le immagini associate al tuo marchio sono positive. Alcune sono negative. Non cercare guerra contro questi utenti. Piuttosto, prenditi il tempo necessario per contattarli e per scoprire cosa sta causando questa ostilità. Affronta le loro preoccupazioni e i loro problemi e ringraziali per averti aiutato a costruire un marchio migliore. La tua professionalità verrà sicuramente apprezzata, oltre l'essere ammirata.

Senza alcun dubbio ci sono molte opportunità fantastiche di marketing su Instagram. Assicurati solo di essere sulla strada giusta per massimizzare il potenziale.

STRATEGIA DI MARKETING

Posta al momento giusto

Il tempismo è tutto quando si fa marketing su Instagram. Il tuo coinvolgimento dipende dal tuo tempismo. Se pubblichi in un brutto momento potresti finire per passare inosservato. Il momento ottimale per pubblicare è la mattina presto o la sera tardi. Non pubblicree durante o tra le ore lavorative, ovvero le 9 e le 17. Il giorno peggiore per coinvolgere le persone è la domenica, mentre il lunedì e il giovedì tendono ad avere il più alto tasso di coinvolgimento di follower di Instagram e traffico.

Segui profili di instagram simili

Segui le persone che hanno il tuo stesso interesse. Se segui persone con interessi simili, sarai sicuro di farti notare. Inoltre, è più probabile che siano loro a seguire te. Raggiungi le persone che credi possano essere interessate ai tuoi prodotti.

Crea un nome pertinente per Instagram

È improbabile che la gente ti cerchi per nome, a meno che tu non sia una celebrità. Quindi crea nomi che ruotino intorno al tuo sito web aziendale o al settore in cui lavori. Quando le persone legate al tuo settore cercano le parole chiave relative, è più probabile che il tuo profilo venga visualizzato. Questa è una strategia di marketing su Instagram molto potente. Rendi il tuo "nome utente" identico a ciò che vendi perché è quello che la gente cerca.

Usa la descrizione in modo accorato

Quando scrivi la tua descrizione, assicurati di far conoscere i tuoi benefit e della tua attività. Aggiungi un link al tuo canale o alla tua campagna pubblicitaria per indirizzare le persone alla tua pagina.

Aggiungi testi alle immagini e usa gli hashtag

Instagram tratta più immagini che testi. Aggiungere immagini è un ottimo modo per far sapere alla gente quanto sia meraviglioso il tuo prodotto o servizio. Utilizza contenuti visivamente forti che attirano l'attenzione.

Tutti devono usare gli hashtag su Instagram e se vuoi che la tua azienda venga notata, allora devi usare gli hashtag. L'uso degli hashtag ti farà finire nella lista delle parole chiave di tendenza che la gente cerca.

Se vuoi utilizzare Instagram come canale di marketing, allora devi utilizzare le funzionalità semplici di Instagram nel modo più efficiente possibile. Il tuo marketing su Instagram sarà un successo se pubblicherai immagini uniche. Inoltre, ora hai a disposizione la funzione "Instagram stories" che è uno strumento molto potente che puoi utilizzare a tuo vantaggio. Questi consigli di marketing ti faranno distinguere da tutti gli altri. Tutte le tecniche di cui sopra sono una strategia di marketing di Instagram che aiuterà a formare un'enorme base di fan.

PASSAGGI PER UN MARKETING EFFICACE SU INSTAGRAM

La popolarità di Instagram sta aumentando tra i marchi in quanto strumento potente di social marketing. Le persone oggi adorano essere stimolate a livello visivo, il che rende un social network che si basa esclusivamente sulla condivisione di immagini molto efficace.

Quando si utilizzano i social media per condividere immagini che si riferiscono alla propria attività, si creano relazioni più forti con i fan e i clienti attuali e si amplia il raggio d'azione per trovarne di nuovi. Non solo puoi condividere le immagini dei tuoi prodotti e delle persone che lavorano sodo per mandare avanti la tua attività (anche se sei solo tu e il tuo furetto!), ma puoi anche stimolare i tuoi clienti a presentare le proprie immagini dei tuoi prodotti che utilizzano.

È facile perdere la cognizione del tempo quando si accede ai propri account sui social media. Questo è specialmente vero con Instagram, dove si può facilmente perdere un'ora solo scorrendo le numerose immagini presenti.

Trascorrere del tempo online è importante per la tua attività, ma se non è tempo produttivo allora è semplicemente tempo sprecato. Il tempo sprecato non aiuta a portare nuove vendite. Per questo motivo è necessario avere degli obiettivi giornalieri per ciascuna delle proprie attività sui social network, come quando ci si connette a Instagram.

Prima di iniziare la giornata, devi sapere quanto tempo vuoi dedicare ai social media e ad ogni singolo network. Attieniti a questo limite di tempo, in modo da poter essere sicuro di svolgere i compiti più importanti nel tuo arco di tempo e non farti risucchiare nella tana del coniglio di Internet.

Ogni volta che ti connetti a Instagram, assicurati di fare queste tre cose per mantenere un alto livello di efficienza per far crescere la presenza del tuo marchio:

Aggiungi il numero di persone che segui

Dedica 10-15 minuti al giorno per iniziare a cercare gli utenti Instagram nel tuo mercato di riferimento. Puoi farlo guardando chi sta seguendo i tuoi concorrenti. Trova le persone che sono più impegnate con i marchi che seguono, poiché è più probabile che si impegnino anche con te. Lasciano spesso commenti e foto di gradimento?

Dato che i social media sono tutto un dare e avere, assicurati di seguire un buon numero di altre persone, aziende e blogger. Non dimenticarti di mettere "mi piace" e commentare.

Condividi i tuoi contenuti

Concediti 10 minuti al giorno per aggiungere nuovi contenuti unici al tuo account di Instagram. Le persone vogliono vedere che hai una buona quantità di contenuti interessanti da guardare se vogliono seguirti.

Se guardano il tuo flusso e vedono solo due immagini e niente di nuovo aggiunto nell'ultimo mese o più, non vedranno un motivo per diventare un follower.

Se non hai contenuti unici da condividere, fissa un orario ogni giorno per concentrarti semplicemente sullo scattare foto da condividere. Possono essere scatti dei tuoi prodotti, del tuo ufficio, dei tuoi dipendenti, ecc. Se ciò riguarda il tuo marchio e la tua attività, scatta una foto interessante e modificala a tuo piacimento e condividila.

Sii interattivo

Non c'è da stupirsi che quando si ha un account sui social media, la gente si aspetta che tu sia, beh, social. Non basta registrare un account e poi aspettare che le persone comincino a seguirti.

Per avere successo con il tuo marketing su Instagram devi essere attivo. Rispondi ai commenti lasciati sulle tue immagini, anche se si tratta di un semplice ringraziamento. Fai delle domande e stimola il dialogo con i tuoi follower.

Visita i flussi dei tuoi follower e quelli delle persone che segui e metti "mi piace" alle immagini e lascia commenti. Dimostrando che sei interattivo con gli altri utenti, farai molta strada nella promozione del tuo marchio.

Instagram esisterà a lungo ancora. Per essere il più efficace possibile, dovrai essere pronto a passare del tempo con il tuo account ed essere produttivo.

La tua azienda utilizza Instagram per promuovere il tuo marchio? Come sta andando?

CONSIGLI FOTOGRAFICI PER MIGLIORARE IL TUO MARKETING SU INSTAGRAM

Instagram ha un livello di coinvolgimento 52 volte superiore a quello di Facebook e 127 volte superiore a quello di Twitter. Ciò significa che esiste una reale opportunità per le aziende di pubblicizzare un'ampia gamma di prodotti e servizi su Instagram per ottenere il massimo delle vendite e dei profitti.

La tua pagina Instagram è un modo per fare un'ottima prima impressione su qualsiasi potenziale prospettiva. Inoltre, è il modo migliore per fare un'ottima prima impressione è quello di scattare foto e video di grande effetto.

1. Luce

Ricorda che nessuna quantità di filtri o di modifiche potrà salvare una foto mal illuminata. Utilizza la luce naturale ogni volta che puoi, tranne nei casi in cui puoi disporre del giusto tipo di illuminazione. Se scatti le foto all'esterno, la mattina presto e il tardo pomeriggio sono i momenti migliori.

2. Usa i tuoi occhi

Prima di tirare fuori il telefono e iniziare a scattare foto, prenditi un momento per guardare davvero quello che succede intorno a te. Usa gli occhi per preparare la foto nella tua mente. Non tirare fuori il tuo smartphone e iniziare a scattare.

Cosa c'è sullo sfondo della foto? Qualcuno sta per camminare davanti al tuo soggetto? C'è qualcosa nelle vicinanze che potrebbe significare che scattare questa foto in un luogo diverso sarebbe un'idea migliore? Dedica un po' di tempo a guardare il tuo soggetto, l'ambiente circostante, l'illuminazione e tutto ciò che sta succedendo prima di iniziare a scattare.

3. Usa la tecnologia

Instagram fornisce diversi filtri e strumenti di modifica. Ci sono anche applicazioni di terze parti che migliorano la capacità della fotocamera del tuo smartphone. Non c'è nulla di inappropriato nell'utilizzo di app e strumenti per scattare buone foto. La maggior parte degli smartphone ha qualche tipo di funzione di regolazione delle foto e integrata nelle camere.

Di solito questi includono strumenti che permettono di tagliare, cambiare, modificare i livelli di illuminazione e di contrasto, aumentare o diminuire la saturazione, aggiungere ombre, sfumature ed evidenziazioni e creare effetti di esposizione prolungata.

4. Muoviti attorno al tuo soggetto

L'obiettivo della fotocamera dello smartphone assorbe la luce in modo diverso rispetto a una fotocamera tradizionale. Osservando il soggetto attraverso il telefono mentre si muove in un cerchio completo, si vede come la direzione variabile delle fonti di luce possa scoprire alcuni effetti fantastici e risultati sorprendenti. Inizierai ad apprezzare opportunità che prima non si presentavano quando bastava tenere il telefono in alto e scattare una foto.

5. Cambia la tua prospettiva

Le foto dall'alto o dal basso possono creare immagini più interessanti e rendono il tema diverso. Le foto che si contraddistinguono vengono condivise. Ecco come una semplice fotografia su Instagram può diventare virale, farti guadagnare centinaia o addirittura migliaia di follower e aiutarti ad attirare l'attenzione sulla tua attività.

CAPITOLO QUATTRO

COME UTILIZZARE INSTAGRAM PER LA TUA ATTIVITÀ DI VENDITA DIRETTA

L'ottimizzazione del tuo canale Instagram per la vendita diretta comporterà enormi ricompense.

Questo capitolo illustrerà come utilizzare Instagram con la tua attività di marketing di vendita diretta. Lo scopo di questo capitolo è quello di trasformare il tuo account Instagram in un'opportunità di reddito. Ignorando i fondamenti del marketing su Instagram, consenti alla concorrenza di avere successo.

Il marketing su Instagram aumenta il traffico del tuo sito web e il numero di visualizzazioni al mese. Sì, Instagram veramente così potente!

Qui di seguito ti elenco i migliori consigli per tutti i marketer affiliati:

1. Dì alle persone cosa fare

Nulla farà crescere la tua attività più velocemente del dire al tuo pubblico quello che vuoi che faccia. Questa è call to action. Funziona, è collaudato nel tempa, ed è vera. Nel frenetico mondo dei social media, devi mostrare al tuoi pubblico come puoi aiutarlo.

Poi gli dici immediatamente dove andare a chiedere aiuto. Il tuo pubblico apprezzerà la tattica del "dritto al punto".

Dalla nostra esperienza diretta, Instagram è un canale di social media unico in questo senso. La tipica persona che usa Instagram è quella che guarda una foto, controlla la descrizione e segue la call to action. Semplicissimo. Per guadagnare vendite su Instagram è necessario fornire una call to action. Quando la call to action precede l'incredibile offerta, si ottengono più contatti. Fantastico, vero? Beh, indovina un po'? Funziona.

Ci sono molti modi per attirare il tuo pubblico. Tutto inizia con il mettere le immagini giuste e le call to action. Questo ci porta al consiglio n. 2.

2. Identifica le preferenze del tuo pubblico

Le immagini che richiamano le preferenze del cliente sono il passo più importante per monetizzare con l'attività su Instagram. Trovare, indirizzare e restare rilevante per il tuo pubblico è un fattore critico, ottenendo così il massimo profitto da questa piattaforma. L'identificazione delle preferenze del tuo pubblico è un argomento molto importante. Ho visto cosa succede quando i proprietari di un'azienda pubblicano il contenuto sbagliato al pubblico desiderato. Diciamo solo che non è una bella cosa!

Per fortuna, stai leggendo questo libro con una certa comprensione delle preferenze del tuo pubblico. Quindi dovrebbe essere più semplice.

Dai un'occhiata al tuo feed di Instagram e controlla i post più popolari. Che cosa ha ricevuto commenti, condivisioni e preferenze? Il tuo pubblico avrà gli stessi gusti e preferenze che hai tu. Inizia ogni post di Instagram con la domanda "Questa immagine susciterebbe il mio interesse? "Lo comprerei?" Se rispondi di sì, allora hai trovato un ottimo contenuto. Prendi in considerazione di andare anche sulle pagine dei tuoi concorrenti. Dai un'occhiata ai loro post e alle immagini più popolari. Mentre trovi le immagini con cui il pubblico della tua nicchia interagisce, crea delle immagini simili per la tua pagina. Una volta stabilite le preferenze del tuo pubblico, è il momento di passare al suggerimento n. 3.

3. Identifica i luoghi di profitto

Le tue opzioni di monetizzazione su Instagram rimangono limitate quando rappresenti una società di vendita diretta. La maggior parte delle società di vendita diretta non permette ai propri affiliati di acquistare spazi pubblicitari. Leggi la scritta in piccolo sulla tua iscrizione all'affiliazione. Ci sono buone probabilità che la pubblicità a pagamento non sia consentita.

Quindi cosa dovresti fare?

Ricordi il suggerimento n. 1? La call to action? La tua situazione di affiliazione richiede che usi una potente call to action per raggiungere un luogo di profitto.

Ma aspetta. Non pubblicate il tuo link di affiliazione in questa posizione, piuttosto crea un freebie interessante. Il tuo obiettivo è quello di portare il pubblico al contenuto. Puoi pubblicare questo link gratuito su Instagram e su qualsiasi social network. Questo link raccoglierà i contatti e-mail delle persone che vogliono maggiori informazioni.

Che cos'è il contenuto? Il contenuto è l'informazione che il tuo pubblico di nicchia desidera. Se rappresenti l'industria del make-up, allora forse un freebie su come fare il contouring è una buona opzione. Se rappresenti l'industria della salute e del benessere, allora le ricette a basso contenuto di grassi possono andare bene.

Lo scopo di questi luoghi di profitto è quello di prendere il tuo pubblico Instagram e trasformarlo in lead. Inserisci la call to action "Clicca il link nel profilo" nella descrizione. Questo è il tuo luogo di profitto. Successivamente, passa dalla posizione di profitto a un canale di vendita. Continua a leggere per il suggerimento n. 4.

4. Istruisci, fornisci varietà e ripeti

Dopo aver guidato il tuo pubblico verso il luogo del profitto, devi avere un piano d'azione. Prendi i lead che volevano il tuo freebie e trasformali in una vendita di prodotti. Ti suggeriamo un approccio che utilizza tre diverse caratteristiche.

Comincia con l'insegnare.

Un lead che vuole il tuo freebie è un "freebie-seeker". Fino a quando non offri insegnamenti riguardo i tuoi prodotti di valore, questi non compreranno mai.

Fornisci loro le informazioni di cui hanno bisogno e inizia a costruire la fiducia.

Fornisci varietà ai tuoi lead.

Uno dei principi fondamentali per portare un lead alla vendita è quello di avere un follow-up in più fasi. Crea un piano di marketing che incorpori l'email marketing, gli sconti e una preziosa grafica "come fare". Pensa a un'infografica che insegni loro una nuova tecnica con i tuoi prodotti. Varietà significa anche includere inviti a webinar o altri eventi live ospitati da te. Questa è la chiave per farli passare alla vendita, ciò che funziona per alcuni non funzionerà per altri. Devi avere varietà a sufficienza per catturare le vendite di molte personalità diverse.

Repeti.

Gli esseri umani hanno bisogno di sentire lo stesso messaggio una media di 12 volte prima che finalmente faccia effetto. Potresti sentirti esausto nel ripetere le tue informazioni sui tuoi prodotti più e più volte. È comprensibile. Ma devi capire che i tuoi clienti non ti hanno sentito la prima volta. Non ti hanno sentito nemmeno la seconda, la terza o la quarta volta!

Non commettete l'errore di pensare che la tua immagine "prima e dopo" su Instagram ti farà ottenere una vendita. Lo scopo del marketing su Instagram porta la prospettiva in un ambiente di vendita. È qui che parli con loro più e più volte. Se il tuo pubblico avesse sentito parlare delle vendite la prima volta, ne avresti già avute a migliaia.

Poiché non è questo il caso, è probabile che non abbiano sentito la tua proposta. Conducili fuori dal canale dei social media con una call to action. Indirizzali verso un "luogo di profitto". Metti in atto una campagna di marketing variabile e parla con loro ancora, e ancora, e ancora.

5 Analisi e ottimizzazione

L'analisi e l'ottimizzazione devono essere una parte importante della tua strategia su Instagram. Ci sono due diverse tecniche di analisi che è necessario comprendere. Quantitativa (misurazione) e Qualitativa (non misurazione).

Quantitativa

Qui è possibile valutare il coinvolgimento con ogni immagine/post. Crea (o utilizza un'applicazione di analisi) dove è possibile calcolare l'interazione da ogni post. La misura desiderata sarà il numero di clic sul tuo link nel profilo.

Vorrai misurare il numero di quei click convertiti in un lead (ti hanno dato un'email). La misurazione quantitativa ti mostra il potenziale di guadagno. Quando ognuno di questi lead segue la tua campagna di marketing (suggerimento #4) hai un buon punto di partenza.

Il tuo obiettivo è quello di realizzare campagne Instagram efficaci. Quindi più dati puoi aggiungere a questa analisi, più sarai efficace.

Giorno/ora di pubblicazione

Tipo di contenuto - link, foto, video, ecc.

Rapporto tra i clic del link e i lead conquistati.

Usa questa strategia per costruire un panorama di quali sforzi sono redditizi e quali sono una perdita di tempo.

Qualitativa

L'analisi qualitativa è guardare agli aspetti del tuo marketing che non sono numeri. La tua analisi qualitativa riguarderà l'estetica della tua attività. Ecco alcune domande per iniziare.

Sto fornendo abbastanza informazioni? I miei contenuti supportano i miei sforzi (danno alle persone call to action a sufficienza)?

Il mio link gratuito funziona bene per la piattaforma Instagram?

Considerando tutto quello che so sul marketing, vengo percepito come uno "spammer"?

Offro un vero valore aggiunto al mio target di riferimento?

Queste misurazioni qualitative dovrebbero essere una delle considerazioni più importanti. Stai prestando sufficiente attenzione al servizio che offri o stai solo cercando di fare un po' di soldi? Credici. La gente conosce la differenza tra un venditore e una persona che guida con valore.

L'unico modo per fare vendite è essere il responsabile del valore prima di tutto attraverso l'analisi qualitativa. Più valore si offre, più successo si ottiene.

Questo processo è lungo. Potresti sentirti sicuro nel promuovere in modo aggressivo i tuoi prodotti di vendita diretta sui social media. Anche in questo caso, fidati di noi. Prenditi il tempo necessario per presentarti come leader di valore e otterrai maggiori profitti a lungo termine.

Hai letto i 5 consigli per far monetizzare la tua attività di vendita diretta utilizzando Instagram.

1. Dì alle persone cosa fare

2. Identica le preferenze del tuo pubblico

3. Identifica i luoghi di profitto

4. Istruisci, fornisci varietà e ripeti

COME UTILIZZARE INSTAGRAM IN MODO EFFICACE

Instagram attualmente viene utilizzato da milioni di persone in tutto il mondo, e per un buon motivo: scattare foto e condividerle con i tuoi amici non è mai stato così facile! Tuttavia, Instagram può essere utilizzato in modo molto efficace, non solo per il networking ma anche per scopi di marketing. Se hai un'attività e vuoi promuoverla nell'ambiente online, allora questo può essere un ottimo strumento di promozione. Detto ciò, ecco 5 dei modi migliori per utilizzare Instagram in modo efficace:

1. Gli hashtag sono come delle magie!

Twitter li usa, Instagram li usa e recentemente anche Facebook ha implementato gli hashtag. Gli utenti di Instagram interagiscono principalmente tramite gli hashtag, per questo motivo è necessario imparare ad utilizzarli a proprio vantaggio. Questo aspetto può essere particolarmente utile per le aziende che sono alla ricerca di follower, in quanto permette loro di rendere i loro contenuti ricercabili e innescherà anche un effetto virale che andrà a beneficio dell'azienda nel lungo periodo.

2. Le foto e i video possono raccontare una storia

Una foto può valere mille parole, e tutti lo sanno. Instagram si basa sulle foto, ma scattare foto a caso non ti porterà molto lontano, soprattutto se vuoi utilizzare Instagram principalmente per scopi di marketing. Uno dei modi migliori, più veloci e semplici per aumentare la notorietà del marchio e per incrementare le vendite è quello di pubblicare costantemente le foto del tuo prodotto: non devono nemmeno essere professionali, devono solo mettere in evidenza le caratteristiche e le funzioni principali del prodotto in uso e attirare l'attenzione di un pubblico vasto.

Lo stesso vale per i video: puoi condividere i video con i tuoi collaboratori al lavoro, oppure puoi fare delle recensioni dei prodotti in diretta. Indipendentemente da ciò che scegli, è molto probabile che i video e le immagini diventino virali, poiché la gente ama i file multimediali più del testo e probabilmente li ricorderà nel corso degli anni. Se hai una nuova attività e vuoi farti un nome, allora le foto e i video ti torneranno sicuramente utili!

3. Concorsi

La gente ama gli omaggi, gli sconti e ogni tipo di offerta promozionale, per questo motivo non si può mai sbagliare indicendo un concorso. Un concorso è una vittoria per tutti: i tuoi follower riceveranno un prodotto o un servizio gratuito, mentre tu potrai avrete aumentare la riconoscibilità del marchio. Un ottimo modo per utilizzare Instagram per i concorsi è quello di invitare le persone a condividere le proprie immagini del tuo prodotto, e di premiare l'immagine più suggestiva o originale. Allo stesso tempo, è possibile utilizzare vari strumenti che consentono di incorporare facilmente un feed Instagram o un feed hashtag nel tuo sito web.

4. Tieni traccia del tuo successo

Il monitoraggio del successo della tua campagna di marketing Instagram è essenziale. Fortunatamente, ci sono molte applicazioni complete e di facile utilizzo che permettono di tracciare la crescita dei clienti, di vedere quali sono i tuoi post più popolari, di determinare quando è il momento giusto per pubblicare contenuti e così via. Per quanto questi dettagli possano sembrare irrilevanti, a prima vista, possono effettivamente fare la differenza.

5. Connettiti con i tuoi utenti

Restare in contatto con i tuoi clienti è importante, soprattutto per le piccole e medie imprese che hanno un mercato target limitato.

Puoi dimostrare ai tuoi clienti che ci tieni al loro feedback semplicemente rispondendo ai loro commenti o alle loro domande.

Questo non solo attirerà i contenuti generati dagli utenti, ma migliorerà anche la credibilità e aumenterà la visibilità della tua attività. Non sottovalutare il potere dei tuoi follower di Instagram, in quanto possono contribuire al successo della tua attività!

Riassumendo, questi sono cinque dei modi migliori per utilizzare efficacemente Instagram per aumentare le vendite, incrementare le entrate e migliorare la diffusione del marchio.

COME PROMUOVERE LA TUA ATTIVITÀ SU INSTAGRAM

Le aziende che utilizzano Instagram per promuovere i loro prodotti, servizi e offerte ora hanno un'opportunità ancora maggiore di promuovere i loro prodotti ad un pubblico super mirato. Con il supporto di Facebook, Instagram ha recentemente lanciato la sua piattaforma pubblicitaria che si integra con le straordinarie capacità di targeting di Facebook e le aziende la stanno sfruttando a pieno. Le aziende sanno che gli utenti guardano i loro feed delle notizie. Di conseguenza, chi usa Instagram è 2,5 volte più propenso a cliccare sugli annunci rispetto a quelli presenti su qualsiasi altra piattaforma di social media. Quindi, l'utilizzo di annunci su Instagram per la tua azienda apre un mondo di opportunità.

La pubblicità mobile ha superato per la prima volta nella storia la pubblicità sui giornali e sia le grandi che le piccole imprese stanno ottenendo risultati comprovati con la pubblicità sui social media. La pubblicità su Instagram ha già generato più di mezzo miliardo di entrate e si prevede che raddoppierà entro un anno, il che è la prova che molti imprenditori stanno guadagnando.

Cosa ancora più importante, la piattaforma pubblicitaria di Instagram è facile da usare, è divertente ed è piena di utenti appassionati ed entusiasti. Dispone di metriche eccellenti ed è anche accessibile alle piccole imprese. Se stai già pubblicizzando il tuo prodotto con annunci sui social media o stai cercando di creare la tua lista, allora l'integrazione degli annunci su Instagram nel tuo calderone del marketing è una scelta essenziale.

Ecco cinque suggerimenti da tenere presente prima di pubblicare un annuncio su Instagram per far crescere il tuo marchio aziendale, coinvolgere i tuoi follower o attirare il tuo pubblico target verso la tua offerta.

1. Impara le basi. Assicurati di compilare il tuo profilo aziendale e la tuo biografia sul tuo account aziendale di Instagram. Assicurati di utilizzare una versione chiara e nitida del logo della tua azienda come immagine del profilo.

2. Racconta agli utenti PERCHÉ sei su Instagram. Dato che questo è il tuo account aziendale, mantienilo tale e non personale. Aiuta gli utenti a identificarsi con il tuo marchio e assicurati di non apparire troppo come un venditore.

3. Comincia con un piano. Strategizza le tue promozioni su

Instagram (e tutti i tuoi social media) pianificandole. Crea un calendario per l'implementazione che conduca al tuo obiettivo. Non avere un piano è la ragione principale per cui le aziende falliscono sui social media, quindi fallo prima di iniziare a pubblicare a caso o a pagare per il traffico!

4. Non lasciare che i tuoi hashtag siano la tua voce. Presta invece la tua voce ai tuoi hashtag. Personalizza gli hashtag per il branding e per la pubblicazione giornaliera, mantienili pertinenti e ricercabili. È fantastico utilizzare gli hashtag, basta assicurarsi di non perdere il controllo e di generarne troppi in un unico post - devi puntare sulla qualità piuttosto che sulla quantità.

5. Aggiorna il tuo look. Le immagini sono tutto su Instagram, quindi assicurati che le tue immagini e i tuoi video siano GRANDIOSI. Gli utenti esperti di Instagram vogliono vedere foto "belle" o leggere cose "divertenti" o relazionarsi con qualcosa di significativo. Utilizza le app e gli altri strumenti per immagini e video per aggiornare il look ed il feeling di tutto ciò che pubblichi su Instagram.

Questi sono solo alcuni consigli da ricordare quando si utilizza Instagram per promuovere la propria attività online. Se ti servono altre idee su come aggiungere il tuo stile ai tuoi post su Instagram senza dover essere un designer o un fotografo.

CAPITOLO CINQUE
MARKETING D'INFLUENZA SU INSTAGRAM

Annunci su Facebook, eBook, YouTube Marketing, Twitter e Blogging, sono alcuni dei nuovi metodi di marketing che compaiono ogni giorno o ogni settimana e aiutano veramente le aziende ad aumentare la loro affidabilità e il loro marketing online. Tuttavia, può essere entusiasmante individuare quali strategie di marketing di tendenza sono reali. Sappiamo che c'è una cosa che caratterizza tutti questi metodi: il Marketing d'Influenza! Ma qual è il Marketing d'Influenza ed il Marketing su Instagram?

Se non sei familiare con ciò che è il Marketing d'Influenza, è una forma di marketing che si concentra sull'utilizzo di ambasciatori chiave per diffondere il concetto e il messaggio del tuo marchio al loro pubblico, al tuo mercato di destinazione, ed eventualmente ad un mercato più ampio. Instagram conta più di 800 milioni di utenti mensili, e il 70% degli utenti di Instagram ha già cercato marchi sulla stessa piattaforma che volevano divorare i loro contenuti. Ecco perché il marketing su Instagram è efficace per la tua attività di e-commerce se utilizzato correttamente.

Invece di fare marketing direttamente ad un gruppo di

consumatori, potresti voler assumere e ispirare degli influencer per diffondere il verbo al posto tuo.

Ebbene, Instagram è diventato un luogo per gli influencer, molti di loro hanno fatto crescere il loro pubblico da pochi a milioni di persone in breve tempo. Queste celebrità di internet hanno un'enorme influenza su un pubblico in continua crescita di consumatori incontaminati. Hanno un'enorme influenza sul loro pubblico e questo può avere un impatto sulle ultime tendenze disponibili.

Stai lavorando con un influencer? Così facendo, potrai accelerare lo sviluppo del tuo prodotto in poco tempo.

Per la tua azienda o il tuo prodotto, dovresti iniziare a identificare i giusti influencer con cui lavorare. Questa è in un certo senso la parte inflessibile dell'intero processo, non vuoi far casini in questa fase in quanto ciò influirebbe su tutta la tua strategia di marketing. Prendi nota, se agli influencer non piace lavorare con il tuo marchio, allora smetti di supplicarli, non devi fare pressione su un influencer. Se continuate a supplicarlo, è probabile che promuoverà il tuo prodotto in modo falso, finendo con ritrovarsi un sacco di commenti che dicono "spam" da parte del pubblico. Una volta trovata la persona perfetta per il tuo progetto, offri di fare una campagna di prova prima di approfondire la relazione.

L'utilizzo degli strumenti di Instagram Analytics è importante per tracciare le metriche importanti come i commenti, il coinvolgimento e le call to action che hanno un grande impatto sulla tua attività.

Devi ricordare che dovresti essere coinvolto con il tuo team per quanto riguarda la strategia della campagna, al fine di essere aggiornato sulle tue campagne. Se lo fai in modo efficiente, resterai stupito dal risultato e dai benefici che il marketing d'influenza può avere sulla tua attività. Gli Influencer di Instagram sono utenti con un pubblico importante che può essere uno dei tuoi clienti.

SMETTILA DI FRUSTRARTI CON IL MARKETING SU INSTAGRAM

Finalmente hai deciso di fare la tua scelta e ti sei iscritto ad Instagram. Ben fatto! Questa è una delle comunità social più coinvolgenti al giorno d'oggi. Ma cosa succede quando ti ritrovi senza abbastanza tempo da dedicare al tuo account?

Con Instagram, come con qualsiasi altro account di social media, se non vuoi partecipare attivamente, tanto vale che non ti iscrivi.

Questo social network grafico non è stato creato pensando all'efficienza, il che lo rende uno degli aspetti più frustranti della strategia di social media marketing di un marchio. Ecco alcuni consigli utili su come sfruttare al meglio il tempo che dedichi al social network senza consumare tutto il tuo tempo.

1. Usa un app di programmazione

Se utilizzi i social media da un po', allora sai che c'è un momento di picco per la pubblicazione. È diverso per ogni marchio e dipende in gran parte da quando il tuo pubblico è il più attivo.

Fai le tue ricerche e scopri quando è il momento di picco per i tuoi follower. Così è più probabile che il tuo pubblico venga interessato quando pubblichi un messaggio. Il momento ideale per postare su Instagram non è sempre il più comodo per il tuo programma. Ad esempio, come puoi assicurarti di pubblicare queste immagini alle 17.00 ogni venerdì, quando hai degli incontri di fine settimana organizzati in quell'orario?

Soluzione semplice: utilizzare un'applicazione di programmazione. Ce ne sono moltissime. Trova quella che ti piace e inserisci i post che vuoi pubblicare durante la settimana o il mese. Pianifica la data e l'ora in cui vuoi che ogni post venga pubblicato. E poi vai avanti con la tua giornata.

2. Rispondi ai commenti con un aiuto

Una parte importante della creazione della fedeltà al marchio sui social media è quella di prendersi del tempo per rispondere ai commenti dei tuoi follower. Vogliono sapere che i loro commenti vengono recepiti.

Questo può essere difficile quando il tuo seguito cresce e inizi a ricevere molti commenti sui tuoi post ogni giorno. Per fortuna, puoi utilizzare l'aiuto delle app per facilitare la risposta.

3. Fai cross-posting con un app

A volte vuoi condividere il tuo post su Instagram su tutti gli altri network che usi. Ma come puoi farlo senza dover trascorrere molto tempo al telefono? Usa l'applicazione If This, Then That. IFTTT è uno strumento fantastico che aiuta i marchi a pubblicare i loro contenuti in modo incrociato senza dover entrare e pubblicare manualmente.

Con questa app, crei una sorta di "ricetta" che ti farà risparmiare tempo sui social media. Praticamente, crei una formula di ciò che vuoi che accada quando fai dell'altro.

Con questa app, potrai scegliere di far sì che le immagini che condividi su Instagram vengano condivise automaticamente su Twitter, ad esempio. La tecnologia di oggi, in particolare il numero di app disponibili, facilita enormemente il controllo del tuo social media marketing e lo rende idoneo al tuo programma. Ciò è particolarmente utile quando si tratta degli aspetti di Instagram che richiedono molto tempo. Quali sono le app più utili quando si tratta di social media marketing?

MARKETING SU INSTAGRAM, PRO E CONTRO

Se stai cercando di attirare maggiori clienti, rivolgiti ai social media. Tuttavia ogni cosa ha i suoi pro e contro...

Pro:

1. Una foto è importante: Come si dice spesso, un'immagine vale più di mille parole. Pensaci, quando si dirige un'azienda si vogliono usare le immagini per mostrare il proprio prodotto o servizio. Questo è particolarmente importante quando si vendono prodotti alimentari, prodotti per la perdita di peso o qualsiasi altro articolo che la gente ama guardare e gustare. Tuttavia, si può andare oltre e mostrare le destinazioni di viaggio o qualsiasi altra cosa. In parole povere, questo è uno dei migliori consigli per utilizzare Instagram per gli affari, in quanto un'immagine mostrerà ai visitatori il vero valore di un prodotto o di un servizio.

2. Virale: Senza dubbio, quando si usa Internet per commercializzare un prodotto, un servizio o un'idea, si desidera che esso diventi virale. Se un sito o un'idea diventa virale, si possono fare un sacco di soldi e trovare tantissimi visitatori nuovi ed entusiasti. Per questo motivo, quando si utilizza Instagram, è necessario assicurarsi che forniscano un vero valore a un visitatore. Allora, e solo allora, si può vedere la foto diventare virale, il che si tradurrà in un sacco di nuovi visitatori del sito.

Sono loro a fare il lavoro per l'azienda: Quando si condivide una foto con i propri amici e così via, la foto può diventare virale. Non solo, quando si utilizza Instagram, i follower svolgono la maggior parte del lavoro. Se un'azienda propone una foto interessante, è probabile che diventi virale. Infine, si dovrebbero seguire i migliori consigli per l'utilizzo di Instagram per gli affari. In questo modo, i follower svolgeranno loro il lavoro.

Contro:

1. Pubblico giovane: Quando si cercano nuovi clienti, solitamente si cerca un pubblico adulto. Sì, sebbene molti adolescenti e giovani adulti usano Instagram, non tutti hanno i soldi da spendere. Tuttavia, ci sono possibilità di conquistarli e di farli tornare quando sono più grandi. In ogni caso, quando si cerca la strategia migliore per Instagram, bisogna ricordare che non tutte le persone hanno a disposizione del denaro da spendere.

2. Non pensano agli affari: Quando seguono la loro celebrità preferita online, molte persone non sono interessate a nulla se non a perdere tempo.

Significa che molte persone cercano semplicemente di trascorrere un po' di tempo e non hanno alcuna intenzione di spendere soldi.

CAPITOLO SEI

LE MIGLIORI PRATICHE PER L'USO DI INSTAGRAM

I social media hanno dimostrato di essere uno strumento di marketing veloce ed efficiente per aziende di qualsiasi dimensione. Per i privati, è un modo geniale per rimanere in contatto con le persone. Instagram è uno dei nuovi arrivati più popolari per quanto riguarda i social media. Uno dei motivi per cui Instagram è così popolare è che utilizza le foto per trasmettere un messaggio. Questo è il sogno di chi fa marketing, poiché le foto e le immagini tendono ad attirare più attenzione e persone rispetto ai contenuti testuali.

Come persona, anche tu puoi approfittare della crescita del tuo profilo utilizzando Instagram. L'utilizzo di Instagram su Facebook aumenterà la visibilità del tuo profilo in quanto le persone condividono e interagiscono con le foto più di qualsiasi altro contenuto disponibile. L'applicazione ti consente di scorrere le tue foto attraverso un filtro, che in sostanza si limita a modificarle in modo che abbiano un aspetto migliore e più professionale. È inoltre possibile condividere le foto sul proprio account Twitter, in modo da suscitare maggiore interesse e far sì che più persone ti seguano.

Tutto è più grafico

Come piccola impresa, i social media sono uno degli strumenti di marketing più efficaci che si possono utilizzare senza spendere troppo. Instagram ti consente di tenere i tuoi clienti aggiornati sulle novità. Puoi caricare molte foto in una sola giornata per tenere le persone interessate alle novità della tua attività e per qualsiasi nuovo sviluppo. Tuttavia, assicurati di non condividere troppe foto in modo così da dare alle persone tempo a sufficienza per vederle e rispondere alle loro richieste. È importante essere coerenti in modo che i tuoi clienti sappiano anche cosa aspettarsi in termini di pubblicazione di foto, nuove informazioni o qualsiasi altra notizia.

Puoi anche condividere alcune foto del dietro le quinte della tua attività in modo che i tuoi clienti si sentano parte della tua attività, il che li renderà più propensi a diventare clienti fedeli. Puoi anche mostrare loro come utilizzare un prodotto, le foto di un evento che stai organizzando o qualcos'altro che non è un'informazione pubblica e che è più personale, come le foto del tuo ufficio o dei tuoi dipendenti. Questo mostra alle persone il lato umano della tua attività che le invoglia a continuare a tornare a controllare, oppure vogliono seguire il tuoi profilo per vedere quali nuove cose possono imparare o scoprire. "Come marchio personale, dai loro un'idea di come pensi, decidi e discerni".

Instagram è anche un ottimo modo per condividere parte del lavoro che svolto. Questo, in sostanza, mostra agli altri cosa puoi fare e venderà il tuo lavoro ai potenziali clienti. Coinvolgi i tuoi follower per promuovere la fedeltà al marchio; ad esempio, rispondendo a un commento fatto su un tuo prodotto. Ciò vale anche per un profilo personale; per far sì che le persone ti seguano e interagiscano con il tuo profilo Instagram. Ovviamente devi interagire con loro, seguirle e commentare le loro foto.

Poiché il tuo profilo Instagram può essere visualizzato solo dalle persone che sono amici all'interno della tua lista di fan e follower, è meglio utilizzarlo con un altro tipo di social media come Facebook, poiché un numero maggiore di persone può vedere e rispondere alle tue foto.

Primo punto di contatto

Potete utilizzare Instagram per indirizzare le persone verso il tuo blog personale, altri social media come Pinterest o il tuo sito web aziendale. In entrambi i casi, le foto servono da esca per far sì che le persone si interessino, in modo da poter poi introdurre altri contenuti. Puoi anche usare gli hashtag per creare un trend per una foto o collegare diverse foto che sono collegate in qualche modo e che vorresti che la gente vedesse. Attira anche persone che la pensano come te, perché graviteranno verso gli hashtag sulle cose a cui sono interessati.

È meglio scattare delle belle foto nitide su Instagram. Una foto scattata male non può essere salvata dalla funzione filtro di Instagram. Le persone risponderanno maggiormente alle foto ben scattate. Devi anche tenerti aggiornato su ciò che è rilevante e interessante per i tuoi follower, quindi chiedete feedback e capisci cosa ti dicono, in modo da poter pubblicare le foto che li mantengono interessati al tuo profilo. Puoi anche rendere le tue foto divertenti provando scatti fotografici creativi.

COME ACQUISIRE FOLLOWER SU INSTAGRAM

Se vuoi raggiungere un pubblico più ampio, devi iniziare a trovare follower su Instagram.

Ecco alcune tecniche valide e collaudate per ottenere velocemente follower su Instagram.

1. Account pubblici. Innanzitutto, se hai un conto privato, solo i tuoi amici potranno vedere quello che condividi. Quindi, il primo passo per conquistare follower su Instagram è diventare pubblico. Per coloro che sono veramente preoccupati per la privacy, potete sempre controllare ciò che scegliete di condividere.

2. Hashtag. Instagram utilizza gli hashtag per filtrare le fotografie. Quando si cercano le fotografie, il social media network mostra tutte le fotografie con un hashtag comune. La popolarità non è l'unico criterio per selezionare gli hashtag da abbinare alle fotografie. Dovresti usare anche quelli pertinenti. 3 è un numero ideale di hashtag da usare con la tua fotografia.

3. Upload costanti. Un account dormiente di solito non riceve molti follower. Chi usa Instagram tendenzialmente non segue gli account conti inattivi. La strategia è quindi quella di aggiornare il tuo account con contenuti nuovi, originali e accattivanti.

Come regola generale, non pubblicare troppo poco e non intasare la tua pagina. Una foto al giorno è una buona soluzione.

4. Usa i filtri. Perché dovresti usare i filtri? Beh, migliorano davvero l'aspetto delle tue foto aggiungendo un tocco più personale. Questo senso di bellezza aggiunto è sufficiente per attirare più follower che amano seguire lavori di qualità. Controlla come si presenta un particolare filtro prima di applicarlo.

5. Collage di foto. Invece di caricare una sola immagine, puoi combinare più immagini in una sola. Queste immagini sono più accattivanti perché raccontano una storia. Ci sono diverse applicazione per creare collage e app di terze parti, a pagamento e gratuite, che possono essere utilizzate a questo scopo.

6. Tempismo. Le fotografie più mozzafiato non riceveranno alcuno spettatore se le pubblichi quando l'intera comunità di Instagram dorme. Gli orari di punta su Instagram sono la mattina prima del lavoro e la sera dopo il lavoro. Questo è il momento in cui la maggior parte degli utenti controlla i propri account. Quindi, calcola bene gli orari di caricamento.

7. Segui, metti "mi piace" e commenta. Un altro suggerimento per aumentare la tua visibilità su Instagram è quello di seguire gli altri. In cambio, loro potrebbero seguire te. Fai un ulteriore passo avanti mettendo "mi piace" e commentando le foto e i video degli altri. È probabile che attirerai l'attenzione del proprietario della foto e dei suoi follower. Ciò potrebbe spingerli a dare un'occhiata al tuo account Instagram, aumentando la probabilità di avere dei follower.

8. Sincronizza con Facebook. Con l'acquisizione di Instagram da parte di Facebook, ora è possibile condividere le proprie fotografie su entrambe le piattaforme integrando il proprio account Facebook e Instagram. In questo modo la tua attività su Instagram viene trasmessa in streaming su Facebook. Gli amici di Facebook che hanno anche un account Instagram inizieranno a seguirti, se gli piace ciò che carichi.

9. Call to Action. Le tue didascalie dovrebbero avere una Call to Action forte. Dovresti puntare ad un coinvolgimento maggiore con le tue didascalie. In questo modo, queste dovrebbero costringerli a commentare o a iniziare una discussione interessante.

Quindi, questi sono diversi modi in cui si possono ottenere velocemente follower su Instagram. Puoi anche partecipare a gruppi di micro-blogging e a discussioni.

Instagram, il sito di condivisione di foto, negli ultimi anni, ha guadagnato un'immensa popolarità. Con la maggior parte dei siti di social networking, più follower si hanno, più si può sfruttare il loro potenziale.

CONSIGLI SEO PER UTILIZZARE INSTAGRAM

L'ottimizzazione per i motori di ricerca è semplicemente un processo per rendere il tuo blog più visibile ai motori di ricerca relativamente a particolari parole chiave o frasi mirate. In altre parole, il SEO è solo un concorso di popolarità tra i siti web. La domanda è sempre la stessa: quale sito web è il più popolare e rilevante per specifiche parole chiave o frasi, secondo un particolare motore di ricerca? Se la domanda viene posta in questo modo e non in termini di strategie e tecniche SEO, ti renderai conto che il SEO va oltre i contenuti di qualità e la creazione di link.

Non sorprende che con la crescita dei social media, molte persone utilizzano questi siti web di social media per rafforzare i loro SEO. La buona notizia è che non c'è bisogno di una formazione SEO per utilizzare questi siti web di social media, perché serve pochissimo per farli funzionare.

Anche se alcune grandi aziende assumono una società SEO per gestire le loro pagine di social media, non c'è motivo per cui non si possa farlo per aumentare la popolarità del proprio sito web.

Un sito di social media in particolare che è cresciuto in popolarità da quando ha fatto il suo debutto nel 2010 è Instagram, un social media per la condivisione di foto. Instagram è nato come applicazione mobile per gli utenti Apple, e nel 2012 è stato aggiunto il supporto anche ad Android. Sebbene l'effetto di Instagram sul ranking dei motori di ricerca sia discutibile, è un ottimo strumento per promuovere il proprio sito web, i prodotti, i servizi e, fondamentalmente, per aumentare la popolarità del proprio sito web e generare traffico organico. Di seguito sono riportati alcuni suggerimenti per aiutarti a utilizzare Instagram nella promozione del tuo sito web.

1. Crea un tema mirato. Se il tuo account Instagram rappresenta il tuo sito web o la tua attività, allora rendilo chiaro fin dall'inizio. Assicurati che un utente Instagram che visita la pagina del tuo profilo non abbia alcun dubbio su cosa sia il tuo account. Questo significa limitare i tuoi post non relativi al sito web.

2. Descrivi le tue immagini. Poiché Instagram è un servizio di condivisione di foto, l'unico modo per inserire contenuti è descrivere accuratamente le tue immagini o foto. Non pubblicare mai una foto che non abbia una descrizione. Anche una descrizione di una sola parola è molto meglio di nessuna.

3. Utilizza gli hashtag in modo corretto. Gli hashtag vengono utilizzati comunemente per associare la tua immagine a un particolare argomento o soggetto. Puoi pensare a questi hashtag come a parole chiave nel solito modo in cui promuoveresti il tuo sito web.

4. Coinvolgi gli altri utenti. Vai oltre la semplice pubblicazione di immagini. Connettiti con gli altri utenti commentando le immagini degli altri e rispondendo ai commenti sulle tue immagini.

COME INCREMENTARE I FOLLOWER DI INSTAGRAM SENZA SPENDERE SOLDI

Instagram conta oltre ottocento milioni di utenti attivi. Le statistiche su Instagram potrebbero essere definite altamente impressionanti e incoraggianti. Una breve panoramica ti sorprenderà e, allo stesso tempo, ti entusiasmerà. Instagram ha oltre 500 milioni di utenti attivi con oltre 300 milioni di utenti attivi al giorno, l'80% di questi utenti si trova al di fuori degli USA, 4,2 miliardi di "Mi piace" ogni giorno e oltre 95 milioni di foto e video caricati ogni giorno. È semplicemente meraviglioso ed è una miniera d'oro per i marketer e gli affari online.

Queste statistiche dovrebbero farti accendere la lampadina e farvi capire quanto Instagram possa essere importante per la tua attività business.

Il problema è sapere come far strada su Instagram e conquistare follower che diventeranno i clienti fedeli. Ti mostrerò come farlo nei seguenti passaggi e linee guida.

1. Registrati con Facebook: Questo è il modo più semplice e veloce per impostare il tuo account di Instagram. Potrai seguire automaticamente i tuoi amici che sono già su Instagram e, a loro volta, anche loro ti seguiranno. I tuoi amici e la tua famiglia saranno i primi follower su Instagram, il che contribuirà a migliorare il tuo profilo e a prepararti per la faccenda principale

2. Foto di Qualità: la cosa più importante su Instagram è la qualità delle tue foto. Assicurati che le tue foto siano di alta qualità prima di pubblicarle su Instagram. Avere foto di qualità su Instagram ti aiuterà a ottenere più like, commenti e più follow che ti aiuteranno a salire di livello e in cima a tutti i tuoi concorrenti all'interno della stessa nicchia. Se scatti foto con una macchina fotografica, assicurati che l'illuminazione e la messa a fuoco siano corrette per ottenere le foto giuste che ti servono per diventare virale su Instagram.

3. Metti "Mi Piace" alle altre Foto: Chiamo questo trucco "notami". È come il tuo primo giorno di scuola, nessuno ti conosce e l'unico modo in cui le persone inizieranno a interagire con te è che tu faccia il primo passo per salutarli o presentarti.

Quando metti "mi piace" alle foto degli altri, queste persone visitano il tuo profilo e decidono di seguirti e mettere "mi piace" anche alle tue foto. È così che inizi a far crescere la tua rete su Instagram.

4. Segui gli Altri: Questo è il modo più veloce per aumentare i tuoi follower su Instagram. Quando segui gli altri, questi decidono di seguirti e di creare una connessione tra voi due. Questo aiuta ad aumentare i tuoi follower e i tuoi "Mi piace" sulle foto che hai sul tuo profilo. Segui gli altri per avere più follower.

5. Commenta le Foto degli Altri: Questo metodo richiede più tempo e lavoro, ma sicuramente paga. Quando si commenta una foto di altre persone, si aumentano le possibilità che queste ultime ti seguano e apprezzino anche le tue foto. Prendi un po' di tempo dal tuo programma di social media marketing e commentare le foto di altre persone per aumentare i tuoi follower.

6. Usa Hashtag Rilevanti: Gli hashtag hanno fatto molta strada sui social media e Instagram non fa eccezione. L'utilizzo di hashtag rilevanti aiuta a ottenere maggiore visibilità e popolarità su

Instagram. Più hashtag usi, più le tue foto diventeranno popolari. Questo significa più like, più follower e più commenti che contribuiscono ad espandere il tuo profilo.

7. Scambia gli Shoutout: Questo è semplicemente un metodo per promuovere gli altri, mentre loro promuovono te. È semplicemente una situazione vantaggiosa per entrambe le parti. Questo metodo aiuta a promuovere il tuo profilo. Devi trovare persone della tua nicchia e contattarle e chiedere loro di fare un'offerta. Puoi fare ciò semplicemente inviando loro un'e-mail o una richiesta su Instagram.

COME ESPANDERE IL TUO MARCHIO ED AUMENTARE LE VENDITE UTILIZZANDO INSTAGRAM

Stiamo parlando di brand awareness mediante i social media. È, a mio avviso, il modo più interessante per coinvolgere il maggior numero possibile di persone. Sul mercato si lotta molto per rendere il proprio marchio più grande degli altri e far sì che la gente segua i contenuti. Instagram è la piattaforma più innovativa e di tendenza nel mondo dei social media per mettere in contatto le persone di tutto il mondo con ciò che si vuole proporre. Dopo tutto, chi non vorrebbe che i propri prodotti fossero visti da sempre più persone? Tuttavia, la gestione della concorrenza con successo non fa per tutti.

CONSIGLI TOP PER PROMUOVERE PERFETTAMENTE IL TUO MARCHIO SU INSTAGRAM:

1. Completa la biografia del tuo profilo: La condivisione di informazioni complete su di te nella tua biografia lascerà un accenno alle persone su ciò che fai e su ciò che offri. Scegli il nome del tuo account di Instagram con attenzione, in modo che i follower possano riconoscerti facilmente. Puoi scegliere il nome del prodotto o qualsiasi nome relativo alla tua attività che sia comune a tutti gli altri canali di social media. Non dimenticarti di condividere il link del tuo sito web o della tua pagina nella biografia per ottenere direttamente il traffico.

2. Mostra il tuo potenziale: Ogni azienda ha una storia da raccontare o momenti da condividere per trasmettere ispirazione o informazioni al mondo. Usa il tuo account Instagram per questi scopi e lascia che i follower vedano il tuo primo passo verso il successo. Questo ti dimostra l'ingegnosità e che non sei solo un robot che promuove un prodotto o servizio. Questo trucco aiuta anche a costruire relazioni più forti con i clienti e naturalmente un marchio di fiducia.

3. Accresci i tuoi follower come se non ci fosse un domani: A differenza di Facebook, il feed di Instagram cambia più velocemente e si viene sommersi velocemente. Usa gli hashtag per aumentare la novità e la durata dei tuoi post. Questo amplia la tua possibilità di essere scoperto dalle comunità collegate da determinate parole chiave. È più probabile che così resterai visibile più a lungo. Tuttavia, l'uso di più di un hashtag non è una buona idea e l'uso eccessivo di questo strumento si ripercuote sui post.

DAI VITA AL TUO MARCHIO UTILIZZANDO INSTAGRAM

It seems that each year there is a new social media "star." Facebook, Twitter, and LinkedIn rose to stardom in recent years, and 2012 the year of Pinterest. Now, Instagram is gunning for top billing.

What opportunities does this present to marketers? With the Instagram community thriving, major brands and companies like Starbuck, MTV, Nike and Marc Jacobs, to name just a few, are jumping on board aggressively adopting the mobile photo app into their marketing strategies.

According to Simply Measured, 59% of the Top 100 Global Interbrand Brands already have Instagram accounts. And based on the Instagram blog, the two-plus-year-old platform reaches over 100 million active users each month. Compare that to Twitter, which broke the 200 million mark after six years.

What makes Instagram different from other social media networks? Most obvious is that it's almost entirely photo-based. But beyond of that, its simplicity makes it an effective vehicle for engaging consumers since they can express themselves from anywhere, anytime.

PERCHÈ LA TUA ATTIVITÀ DOVREBBE UTILIZZARE INSTAGRAM?

Si prevede che nel 2018 e negli anni successivi i contenuti visivi saranno una tendenza importante. Le immagini attraggono le emozioni e trovano risonanza in tutte le culture. In effetti, se guardiamo ai social network nel loro complesso, le foto sono più coinvolgenti di qualsiasi altra forma di contenuto. Su Facebook, ad esempio, le foto hanno un tasso di interazione superiore del 39% rispetto agli altri post. Non sorprende quindi che Instagram abbia raggiunto così rapidamente la popolarità.

Se cerchi ispirazione su come far crescere la comunità di Instagram attuale, dai un'occhiata agli esempi di quattro marchi che stanno integrando con successo la piattaforma nel loro marketing mix:

1. Red Bull. In un recente concorso di Instagram, Red Bull ha regalato due biglietti per il torneo di basket Red Bull King of the Rock Finals di quest'anno a San Francisco. Ai follower è stato chiesto di scattare una foto con un pallone da basket in luoghi inaspettati e di taggare le loro foto con il tag #TakeMeToTheRock. Il concorso non solo ha entusiasmato i follower, ma ha anche permesso alla Red Bull di entrare in contatto con la comunità sportiva.

2. Ford Fiesta. All'inizio del 2012, Fiestagram è stata una delle prime campagne Instagram realizzate da un grande marchio. Ford ha coinvolto il suo pubblico con un semplice concorso fotografico.

70

Durante le sette settimane della campagna sono state pubblicate circa 16.000 foto e la promozione ha ricevuto grande visibilità anche su Facebook e Twitter, con molti utenti che hanno collegato i loro social network.

3. Tiffany & Co. Una campagna Tiffany ha offerto ai follower 3 nuovi filtri fotografici: Tiffany blu, pesca e bianco e nero. I follower sono stati stimolati a taggare le foto di se stessi e dei loro cari con (#TrueLovePictures) e Tiffany ha presentato una selezione sul suo sito web "True Love in Pictures". La campagna ha permesso a Tiffany di dare ai suoi follower contenuti rilevanti e legati al marchio, invitandoli allo stesso tempo a partecipare all'esperienza.

4. Comodo. Il ristorante di Soho a New York ha recentemente creato un "menu Instagram" chiedendo ai clienti di scattare foto dei loro pasti e di taggarli con l'hashtag #comodomenu. Adesso, i commensali e i potenziali clienti curiosi di questo ristorante latino-americano possono godere di un'esperienza culinaria più interattiva cercando gli hashtag per vedere le foto delle offerte del ristorante.

STRUMENTI INDISPENSABILI DI INSTAGRAM

Instagram è diventata oggi una piattaforma di condivisione di foto molto diffusa con oltre 500 milioni di utenti e 16 milioni di immagini condivise. Non ha attratto solo i singoli utenti, ma anche le organizzazioni commerciali, i proprietari di aziende e ha fatto sì che i marketer rivedessero le loro strategie.

Secondo Google Trends, il volume delle ricerche di Instagram è cresciuto enormemente e si prevede che questa tendenza continuerà anche quest'anno. La condivisione di foto su Instagram può essere abbastanza per alcuni, ma ci sono strumenti che si possono usare per attirare più persone verso il proprio marchio e convertirle in clienti.

1. Statigr.am

Questo strumento di gestione basato sul web offre molte funzionalità che consentono agli utenti di interagire al meglio con i vari contenuti della piattaforma di Instagram.

Dispone di un Viewer che permette di vedere il proprio feed e le persone collegate, aggiungere o rimuovere nuovi follower o eseguire altre azioni su immagini/video come ad esempio mettere "mi piace", condividerli, commentarli o ripubblicarli.

La sezione Statistiche ti permette di visualizzare le statistiche sui contenuti più popolari, su quanto siano coinvolgenti i tuoi contenuti e sul numero dei tuoi follower.

La funzionalità Promote consente agli utenti di Instagram di promuovere il proprio account anche a persone che non sono utenti della piattaforma. Permette agli utenti non-Instagram di visualizzare e commentare le foto su Facebook. Inoltre, consente l'installazione di un'applicazione su Facebook di Statig.ram per visualizzare le foto su una scheda separata o creare una galleria fotografica che può essere inclusa in un blog o in un sito web.

La funzione Gestisci, invece, permette agli utenti di interagire con i commenti più recenti sui vari post della piattaforma.

2. Repost

Repost è un'applicazione mobile ideale per dispositivi Android e iOS. Permette agli utenti di ripubblicare i contenuti della loro comunità, così come mettere "mi piace" e commentare le foto.

Il vantaggio di questo strumento è che dà la piena attribuzione alla persona che ha pubblicato l'immagine.

Infatti, questa parte può essere personalizzata, come ad esempio dove mettere l'attribuzione e se scurire o schiarire lo sfondo per essa.

3. Postso

Se pensi che programmare i post sia possibile solo su Facebook o tramite un'applicazione di terze parti, puoi farlo su Instagram attraverso lo strumento Postso.

La maggior parte degli utenti di Instagram ha l'abitudine di pubblicare subito le foto appena scattate sulla piattaforma. Ma è sempre possibile condividere le altre foto in un secondo momento e lo si può fare attraverso Postso.

Per utilizzarlo è sufficiente collegare il tuo account Instagram a Postso dopo aver effettuato l'accesso. Puoi anche collegarlo al tuo account Twitter e Facebook.

Dopo aver caricato e inserito le didascalie delle tue immagini e aver aggiunto una posizione, se lo desideri, puoi specificare l'orario in cui desideri che determinate foto vengano visualizzate sul tuo account Instagram. L'orario è a intervalli di 30 minuti.

4. Iconosquare

È un'interfaccia web molto apprezzata per Instagram con diverse utili caratteristiche. Mostra un visualizzatore di foto individuale che permette di mettere "mi piace", commentare e condividere le foto su diversi siti di social networking.

Iconosquare ha anche una scheda statistica che mostra l'attività dell'utente e le informazioni su ogni attività degli ultimi sette giorni. Inoltre, fornisce statistiche mensili sul numero di foto pubblicate, l'impegno su quelle immagini e la densità di quando si pubblica insieme a tag, filtri e utilizzo della geolocalizzazione.

CAPITOLO SETTE

PERCHÈ TUTTE LE COMPAGNIE DOVREBBERO ESSERE SU INSTAGRAM?

I social media sono un insieme di canali di comunicazione online che permettono agli utenti di creare e condividere contenuti o di partecipare ai social network. Facebook, Google+, Yahoo, Twitter, Pinterest e molti altri strumenti di social media disponibili, che non solo ti aiutano a creare contatti personali, ma ti aiutano anche a creare il tuo marchio su internet. Oggi Instagram è il re dei social media e sta diventando molto apprezzato dalla gente.

È un servizio di condivisione di foto o video online e di social network, che permette ai suoi utenti di scattare foto o video e di condividerli pubblicamente o privatamente sull'applicazione o attraverso molti altri strumenti di social network. La sua popolarità è in rapida crescita e conta oggi più di 75 milioni di utenti attivi in tutto il mondo. È molto importante per la tua attività ed è davvero utile, soprattutto nella promozione. La maggior parte dei marketer pensano questo quando utilizzano Instagram nella strategia di marketing, anche se stanno bene anche senza. Esistono così tante risposte alle tue domande, quindi ti invito a dare un'occhiata qui sotto per saperne di più.

Tutti amano fare foto: Senza dubbio una foto vale più di mille parole. Instagram ti aiuta a promuovere la tua attività più facilmente con l'aiuto di scattare foto o di condividerle. Un'immagine gioca un ruolo cruciale nel marketing e aiuta ad attirare più visitatori. È perché le persone che leggono tutto il post amano vedere immagini interessanti e attraenti.

Guida il traffico verso il tuo sito: Senza alcun dubbio, ogni marketer vuole guidare un enorme traffico verso il proprio sito e sì, lo si può guidare attraverso Instagram. Per questo, è sufficiente aggiungere un link al tuo sito in modo che sempre più persone vengano attirate lì. È anche possibile utilizzare una pagina di destinazione specifica per il visitatore proveniente da Instagram.

È davvero divertente: È uno dei siti di social networking più divertenti che ti aiutano a generare lead per la tua attività e a cambiare la tua prospettiva sul marketing dei contenuti. Lì puoi ridere e migliorare la notorietà del tuo marchio solo utilizzando immagini di qualità. È uno dei modi più semplici e divertenti per promuovere il tuo business.

Sei su Instagram? No! Allora, cosa stai aspettando e perché? Ora potete capire perché è importante essere su Instagram e come questo ti aiuta nella promozione della tua attività. Quindi, creati oggi stesso la tua identità prima che sia troppo tardi per la tua azienda, perché offre così tanti vantaggi che non si possono ignorare.

CAPITOLO OTTO

REGOLE CHE DOVRESTI CONOSCERE QUANDO PUBBLICHI SU INSTAGRAM

Instagram ha offerto alcuni nuovi esempi di modi creativi per utilizzare gli annunci pubblicitari di Instagram Stories. Oggi è uno dei metodi migliori per generare traffico sui tuoi blog o siti.

1. Non utilizzare hashtag bannati quando posti

Non tutti gli hashtag sono creati uguali. L'utilizzo di uno degli hashtag bannati di Instagram può farti finire in cattive acque e l'ignoranza non è una scusa.

Sebbene alcuni hashtag vietati siano piuttosto di buon senso e si allineino ai termini di servizio di Instagram, altri non sono così ovvi. Secondo la HuffPo, l'elenco degli hashtag bannati include #adulting, #citycentre, #citycentre, e #eggplant. Cerca gli hashtag che usi con attenzione, assicurati che siano rilevanti per il tuo pubblico e che non abbiano un significato segreto o un emoji che non conoscevi...

2. Usa un'applicazione di terze parti per postare

Instagram ha un'API chiusa - non consente alle applicazioni di terze parti di pubblicare direttamente su Instagram. Puoi comunque utilizzare una dashboard di social media come Agorapulse per gestire il tuo account di Instagram, ma il processo è un po' più complicato rispetto a quello di Facebook o Twitter. La maggior parte delle applicazioni per la gestione dei social media girano attorno alla problematica. Ad esempio, puoi accedere al tuo account Agorapulse e programmare un post Instagram.

Quando sarà il momento, riceverai una notifica. Potrai quindi accedere all'applicazione Agorapulse che ti porterà su Instagram dove potrai pubblicare. La chiave è che devi essere tu a cliccare su "pubblica".

Tuttavia esistono anche alcune app come Schedugram che pubblicano direttamente su Instagram al posto tuo, utilizzando il tuo nome utente e password per accedere al tuo account. Questo è un grande NO. Fare qualche passaggio in più può essere frustrante ma mantiene il tuo account al sicuro.

3. Non pubblicato troppi contenuti

Instagram privilegia le persone reali, umani e tutte le cose che si possono fare e non fare sono atte a dare priorità a questi ultimi rispetto a spammer e bot. Twitter possiede app come Social Quant che possono seguire e smettere di seguire automaticamente un gruppo di persone per costruire il tuo seguito, Instagram non approva questo tipo di comportamento. Ecco perché hanno un limite non ufficiale all'attività dell'account.

Quali sono esattamente questi numeri? Anche se Instagram non ha pubblicato i numeri ufficiali, Ana Gotter ha fatto delle ricerche approfondite ed è arrivata alla seguente conclusione:

Seguire e smettere di seguire più di 60 persone all'ora

Mettere più di 300 mi piace all'ora

Pubblicare oltre 60 commenti all'ora

4. Stai lontano dai robot

Guarda. In qualsiasi altra circostanza, sarò il primo a sottolineare il potenziale dei bot nell'automatizzare il tuo processo di marketing, ma non è questo il punto di Instagram.

CONSIGLI DI INSTAGRAM PER UN'ATTIVITÀ ONLINE

Voglio parlare di un sito di social media in rapida crescita che sta diventando sempre più grande e che offre un ottimo potenziale di promozione online per qualsiasi azienda. Sto parlando di Instagram!

Prima di questo, parlando di promuovere un'attività online, molti dei vecchi siti pagati per fare pubblicità online funzionano ancora. Gli annunci pay per click su Google e Yahoo/Bing funzionano ancora. Gli annunci PPC su Facebook funzionano davvero.

Tuttavia, non si può negare il potere di Facebook, Twitter, YouTube, LinkedIn, Pinterest e così via. Lo stesso vale per Instagram. Instagram funzionerà per molto tempo e conta oltre 500 milioni di utenti in tutto il mondo.

Ciò significa che la visibilità dei tuoi prodotti e servizi online attraverso le foto di Instagram ha una vasta portata in tutto il mondo.

Ecco alcuni importanti consigli Instagram per un'attività online.

1. Condividi le tue foto sugli altri social network. Idealmente, vuoi che la tua attività sia popolare tra molte persone, comprese quelle che non sono su Instagram.

Per raggiungere questo obiettivo, condividi le informazioni importanti relative ai tuoi prodotti e servizi su altri social network come Twitter e Facebook. In questo modo, le persone che non sono abbonate a Instagram possono vedere le tue foto e cliccare sul tuo link, il che può portare a un miglioramento delle vendite e dei profitti.

2. Usa gli hashtag. Utilizza gli hashtag specifici in quanto ti aiuteranno ad avere più follower su Instagram con cui condividere le tue foto.

Quando utilizzi gli hashtag, assicurati di evitare espressioni generiche come #televisione, piuttosto usa #Samsung #LCD. Cerca di coinvolgere il più possibile i tuoi follower utilizzando hashtag efficaci. Inoltre, assicurati di controllare cosa stanno facendo le altre aziende del tuo settore. Potrebbero avere nuove idee che non conosci.

3. Condividi solamente contenuti importanti. Dal punto di vista intuitivo, molte persone vorranno conoscere solo le informazioni più importanti sulla tua attività, i tuoi beni e i tuoi servizi.

Quando condividi le informazioni su Instagram, assicurati di condividere solo le informazioni importanti riguardanti l'azienda, i suoi beni e il servizio. Evita di utilizzare la condivisione di informazioni che non possono aggiungere valore all'azienda.

4. Sii costante. La costanza è molto importante quando si cerca di aumentare le vendite e la popolarità commerciale attraverso qualsiasi social network.

Assicurati che le foto che pubblicate e condivise su Instagram raccontino la stessa storia della tua attività. Pubblicare informazioni incoerenti può costare caro, quindi assicurati sempre di attenerti alle stesse informazioni che vuoi comunicare alla gente sulla tua attività.

Segui questi consigli su Instagram per l'attività per entrare nel gioco dei social media della condivisione delle foto. Funzionano!

INSTAGRAM FUNZIONA PER LE COMPAGNIE DI NETWORK MARKETING

Instagram funziona per le società di network marketing? Ottima domanda! Alcune persone sono molto attente a costruire la loro attività offline, ma non sono sicure che questa piattaforma di social media possa essere utile per loro.

Instagram è uno strumento molto potente da utilizzare per far crescere la tua azienda di network marketing. La gente pensa per immagini e quando hai a disposizione i social media puoi usare questa piattaforma per far sì che più persone ti prestino attenzione.

Promuovi il tuo prodotto

Se hai prodotti visibili, puoi usare le immagini dei prodotti per promuovere e mostrare i tuoi prodotti e i loro vantaggi. Potresti anche pubblicare alcune foto di te stesso utilizzando i prodotti e anche i video sono ottimi.

INSTAGRAM È UNA PIATTAFORMA DI SHOPPING

Da app per la condivisione dei media e selfie e per tutto ciò che è visivamente accattivante, Instagram si sta espandendo nel campo dell'eCommerce. Presto lancerà una funzione di acquisti che i rivenditori online e i clienti troveranno molto pratica.

Il gigante sociale è conscio del fatto che lo shopping da mobile supererà i PC tra due anni o anche prima, quindi vuole essere una delle sue colonne portanti.

La novità di Instagram è che potrebbe fungere da canale di promozione per i tuoi prodotti, e ancor più per il tuo negozio online.

Per quanto riguarda i tuoi potenziali clienti, essi potranno vedere ed scorrere i tuoi prodotti senza dover lasciare Instagram per accedere ad un altro sito.

Come si vende su Instagram?

Gli utenti comuni di Instagram troveranno la funzione shopping di Instagram super facile da usare. Se non sei fan di questa app per la condivisione dei media visivi, ma la ritieni una potenziale fonte di guadagno, dovrai solo preparare foto di alta qualità che mettano in risalto i tuoi prodotti.

Per cominciare, carica una foto con un massimo di cinque prodotti che stai vendendo. Quando un utente clicca per visualizzare il link dei prodotti in basso a sinistra della foto, un tag apparirà su ogni articolo, mostrando il nome e il prezzo del prodotto.

Una volta che l'utente clicca su un tag, verrà portato su una pagina che mostra la descrizione completa, le caratteristiche speciali e gli accessori, se è un prodotto.

Mentre il cliente è lì, può scegliere di cliccare sul link Acquista Adesso all'interno dei dettagli del prodotto, che lo reindirizzerà al prodotto sul tuo sito web dove potrà acquistarlo.

Conosci chi acquista da te

L'utilizzo della funzione shopping di Instagram ti offre l'opportunità di promuovere i tuoi prodotti e di raddoppiare le tue proiezioni di vendita.

Oltre ad aumentare le vendite, la funzione shopping ti dà anche accesso a Instagram Insights, che fornisce informazioni importantissime che contribuiranno a migliorare la tua strategia di marketing.

Instagram Insights registra i tuoi follower in base ai loro dati demografici; ti mostra inoltre quali dei tuoi post attirano maggiormente il loro interesse.

Però, soprattutto, ti permette di vedere chi compra nel tuo

negozio grazie alla funzione shopping di Instagram e quali dei tuoi prodotti sono molto richiesti.

Vale la pena scoprirlo per la tua attività, non è vero? Usi già Instagram o stai pensando di iscriverti per vendere di più?

Marketing del marchio

Le aziende possono anche utilizzare le immagini pubblicate su Instagram per il marketing del loro marchio. Ad esempio, oltre a coinvolgere un'agenzia SEO per assicurarsi che un marchio possa essere trovato nei risultati dei motori di ricerca, l'azienda potrebbe aggiungere un ulteriore attrattiva al proprio marketing con le accattivanti immagini dei prodotti su Instagram. Queste possono essere integrate in una strategia di social media per promuovere il coinvolgimento.

Promozione di eventi

Un altro modo per promuovere la partecipazione con Instagram è quello di sfruttare il potere delle persone in occasione degli eventi futuri. Digitando hashtag predefiniti e di marchio, le aziende possono invitare gli utenti a caricare le loro foto dell'evento insieme al relativo hashtag, stimolando così la conversazione tra il pubblico target.

Foto utente

Questa rapida crescita, oltre al fatto che molte persone amano condividere le foto tramite i social media, significa che è possibile trovare facilmente gli utenti dei social media che utilizzano anche

Instagram. Condividere le foto degli utenti più cool su Facebook e Twitter può essere un buon modo per i marchi di coinvolgere nuove persone e far sapere loro che sono apprezzate. Per esempio, oltre a gestire i più tradizionali concorsi fotografici di cui si è parlato sopra, si potrebbe far sì che le persone inviino le loro foto preferite sapendo che condividerai quelle migliori - pubblicizzando i propri utenti e aiutando a promuovere il proprio marchio.

Informazioni "dietro le quinte"

Infine, alcuni marchi utilizzano Instagram anche per condividere le immagini del dietro le quinte dei loro uffici, per dare alle persone una maggiore comprensione di ciò che fanno e per contribuire a diffondere un'immagine più umana del loro marchio.

Un numero crescente di agenzie di social media utilizza Instagram per promuovere il proprio marchio, e quindi vale sicuramente la pena di provarlo per vedere come l'applicazione potrebbe tornare utile alla tua attività.

Quali tipi di attività dovrebbero prendere in considerazione l'utilizzo di Instagram e perchè

Instagram è una delle applicazioni di social media più fraintese nel business marketing. Alcune aziende non comprendono l'importanza di investire tempo ed energie per promuoversi tramite l'utilizzo di immagini. Se sei una di queste aziende, ricorda che un'immagine vale più di mille parole.

E se offro un servizio?

Prendiamo, ad esempio, le organizzazioni no-profit. Le organizzazioni no-profit lavorano ogni giorno con le comunità e i donatori per generare raccolte di fondi per mostrare tutto il loro grande lavoro svolto. Instagram offre alle organizzazioni non profit l'opportunità di interagire con i loro donatori e volontari in un modo unico. Tutti possono condividere le esperienze realizzate da un'organizzazione non profit. Se le persone possono vedere sul campo i direttori e i dipendenti del nonprofit e conoscere personalmente i loro volti, saranno molto più propensi a contribuire in maniera continuativa e desiderare di unirsi alla causa in prima persona.

Un altro esempio da utilizzare è un agente di viaggio. Una persona che lavora nel settore dei viaggi e del turismo non ha un prodotto da vendere, ma ha un'esperienza che può essere condivisa. Pubblicando foto interessanti di destinazioni tropicali paradisiache e mostrando ai clienti che hanno utilizzato i tuoi servizi per visitare terre esotiche, questo invoglierà i clienti ad utilizzare la tua attività. Al contempo, un'agenzia di viaggi può anche impegnarsi a livello individuale con ogni cliente o potenziale cliente per apprezzare le loro foto relative al viaggio e tenere il passo con l'andamento del loro viaggio.

Questi sono solo due campi che potrebbero sfruttare con successo Instagram a loro vantaggio. Fondamentalmente qualsiasi settore dei servizi o prodotto visivo potrebbe trovare un modo per utilizzare

Instagram a proprio favore per aumentare le vendite e comunicare con i clienti. Anche ottenere l'opportunità di coinvolgere i clienti in modi unici, come la condivisione di codici promozionali tramite Instagram, può essere un vantaggio per te e per la tua attività.

Ecco i cinque aspetti chiave:

1. Il metodo comune è quello di utilizzare le foto quadrate per la pubblicità. Puoi anche provare diversi tipi di marketing di affiliazione presentando sconti ed eventi di diverse aziende sugli scatti. Puoi prima creare brochure o opuscoli pertinenti e poi fotografarli per rendere il processo virale. Il processo presenta un'enorme quantità di contatti e quindi è possibile intrattenere gli altri tramite concorsi fotografici periodici. L'organizzazione di premi o la selezione casuale degli spettatori ha un incredibile potenziale per nobilitare i follower.

2. Puoi ampliare automaticamente l'orizzonte per i tuoi scatti, geo-taggando le foto e indicando la posizione. In questo modo, rientrano in una selezione diversificata di foto relative ad un determinato luogo, raggiungendo più persone. Ultimamente, sono stati creati altri profili web per collegarsi agli scatti di Instagram per raggiungere le stelle in qualsiasi modo.

3. Devi essere una persona festaiola qui. Dedica del tempo per guardare gli scatti degli altri e metti "mi piace" a quelli rilevanti per la tua nicchia. Questo crea cameratismo ed esalta la tua posizione agli occhi degli altri. Sono d'obbligo i titoli appropriati per le foto, in modo che Google Spiders le catturi. Bing ha un grande senso del valore con Instagram.

4. Instagram non dovrebbe limitarsi ad essere un'etichetta formale. Invita i dipendenti e i clienti a pubblicare alcune foto rare e sorprendenti. I capi e dipendenti in un'atmosfera informale possono mostrare il tuo amore e il tuo legame con gli altri. Esistono fotografi eccezionali e se consenti loro di esprimere la loro creatività, promuoverai situazione dove le loro idee potranno emergere. Questo crea un rapporto incredibile con i dipendenti e aiuta in modo impressionante nel tuo piano di marketing.

5. Puoi anche rafforzare la tua base SEO assegnando alle foto titoli appropriati. Tieni lo spazio per i commenti degli spettatori. Puoi utilizzare strumenti come Textagram per creare contenuti interessanti per i tuoi scatti. Manda avvisi ai potenziali clienti sugli scatti e crea un sistema di marketing scorrevole grazie alle tue foto. Puoi raccontare una storia di marketing intelligente attraverso ai collegamenti degli scatti; quasi come una presentazione PPT. Puoi anche essere creativo e mostrare agli altri come possono utilizzare i tuoi prodotti in modo diverso. È meglio acquisire alcune conoscenze di base sulla fotografia prima di utilizzare Instagram. Esso permette anche di inserire hashtag per facilitare la connessione e l'aggiornamento con Twitter, dove si può essere più specifici sui propri progetti. Sì, non puoi pensare che il tuo lavoro sia finito dopo aver lavorato duramente su Instagram. Devi lavorare in modo coerente e stratificato anche sui Social Media per realizzare un profitto.

Non c'è dubbio che Instagram e la condivisione di foto abbia aiutato in modo esponenziale le aziende a crescere. Per rimanere aggiornati sui cambiamenti virali, è indispensabile restare al passo con i tempi e accettare queste novità a proprio vantaggio.

CONCLUSIONE

Instagram è il sito di social networking più recente ad essere apparso su Internet. La domanda è: è una moda? E la risposta: Accidenti, no. Instagram, come Facebook, è il risultato di molto lavoro, pensieri e investimenti.

I creatori di Instagram si sono messi in contatto con un ex dipendente di Facebook che li ha aiutati, a sua volta, a lanciare la loro applicazione. Da allora l'applicazione ha guadagnato popolarità in un modo non troppo diverso da quello di MySpace. Era una sorta Facebook mescolato con Twitter: le celebrità hanno iniziato a far sì che gli account Instagram pubblicassero le foto su Twitter. Ben presto l'applicazione ha preso piede.

Che sia per la gratificazione istantanea di pubblicare una foto e ottenere un feedback, o perché l'applicazione funge da strumento per rendere più trasparente la vita delle celebrità, Instagram sta andando forte ed è qui per rimanere a lungo.

C'è qualcosa di bello nelle comunità di Instagram, anche quando le persone sono scontrose, continuano a interagire in un modo che non si può trovare su Facebook o su MySpace. Le persone si completano a vicenda, si connettono tra loro, e possono farlo senza doversi sedere davanti al computer. Possono farlo dai loro telefoni.

Non solo sta aprendo le porte ad altre applicazioni, ma sta anche rendendo la fotografia e l'arte più facile che mai condividere.

INSTAGRAM MARKETING

Francesco Carli

INTRODUZIONE

F acebook Ads, Instagram sono una delle nuove strategie di promozione che permettono alle aziende di promuovere la loro posizione e il loro marketing online. In ogni caso, possono anche promuovere la conoscenza di quali metodologie di marketing che sono in voga adesso sono efficaci. Noi conosciamo una regola di ciascuna di queste tecniche: il Marketing d'Influenza! In ogni caso, qual è l'associazione tra il Marketing d'Influenza e il Marketing su Instagram?

Se non sei avvezzo al Marketing d'Influenza, sappi che si tratta di un tipo di marketing che si basa sull'utilizzo di persone famose per diffondere l'idea e il messaggio del tuo marchio ai loro follower, al tuo mercato di destinazione e, magari, ad un mercato più grande. Instagram conta più di 300 milioni di utenti da mesi a mesi, e il 70% degli utenti di Instagram ha cercato marchi in una fase simile, che cercavano i loro contenuti. Questo è il motivo per cui il marketing su Instagram è sufficiente per la tua attività sul web quando viene utilizzato correttamente.

Piuttosto che fare marketing direttamente ad un gruppo di clienti, potresti voler ingaggiare e motivare gli influencer per convogliare il messaggio al posto tuo. Instagram si è trasformato in un luogo per gli influencer, molti di loro hanno sviluppato la loro platea da poche persone a milioni di follower in poco tempo. Questi VIP del web dispongono di specialisti colossali per un numero crescente di immacolati acquirenti. Hanno un impatto enorme su di loro e possono influenzare i modelli più recenti accessibili. E se lavori con loro? Puoi accelerare il miglioramento del tuo articolo in breve tempo.

Per l'azienda, dovresti iniziare a distinguere i giusti influencer con cui lavorare. Questo è in una certa misura la parte difficile dell'intera procedura; conviene non rovinare le cose in questa fase, in quanto influenza tutta la tua tecnica di marketing. Se gli influencer non si preoccupano di lavorare con il tuo marchio, a quel punto dovresti smettere di soddisfarli, non c'è bisogno di appesantire una relazione con un influencer. Nel caso in cui continuassi a implorarli, è probabile che alla fine promuovano il tuo articolo in modo non idoneo, finendo con un sacco di commenti che dicono "spam" da parte del pubblico. Quando avrai trovato la persona perfetta per la tua attività, offriti di condurre una campagna preliminare prima di cercare di approfondire la relazione.

L'utilizzo degli strumenti di Instagram Analytics è essenziale, con l'obiettivo finale di tracciare le misurazioni critiche, ad esempio, commenti, coinvolgimento, call to action che può avere uno straordinario effetto sulla tua attività.

Dovresti organizzare degli incontri con il tuo gruppo per aggiornare la situazione riguardo la campagna. Se otterrai questo risultato in modo produttivo, resterai sbalordito dall'esito e dai vantaggi che il marketing d'influenza può avere sulla tua attività.

CAPITOLO UNO

INSTAGRAM MARKETING: COSTRUIRE LA CONSAPEVOLEZZA DEL MARCHIO E FOLLOWER

Con l'incorporazione e lo sviluppo dell'importanza dei segnali politici per il calcolo di Google, sempre più persone vengono stimolate ad utilizzare i social media per aumentare i loro impegni nella pubblicità. Una delle realtà che sono state sempre più prese in considerazione dalle autorità SEO e dai web marketer è Instagram. In ogni caso, come alcune diverse strategie di business, non si può semplicemente buttarsi nella moda del momento e ottenere risultati. Bisogna conoscere il metodo corretto per fare marketing su Instagram, a quel punto curare il marchio ed assicurarsi i sostenitori.

Instagram si è contraddistinta nel rendere il web più grafico, rendendo entusiasti i fotografi degli utenti abituali e gli esperti del marchio delle aziende che hanno visto la potenzialità di una tale fase. La condivisione delle foto si è rivelata un metodo eccellente per incrementare le relazioni con i clienti e motivare la cooperazione attiva e il dialogo con gli utenti. Per accogliere tutte queste promettenti circostanze favorevoli, cosa serve per rendere il tuo impegno nel marketing un successo?

1. Cura il tuo account in modo professionale. Se non stai comprendendo le potenzialità dei social media, devi cogliere l'opportunità di creare e gestire la situazione... in modo professionale. Pensa a come chiederesti alle persone di notare e vedere la tua attività. Un'ottima tecnica di marketing su Instagram da prendere in considerazione è quella di Burberry, un marchio britannico stravagante. Tra le foto che condividono ci sono quelle scattate nel bel mezzo dei loro eventi, dietro le quinte. In questo modo, influenzano gli iscritti ad apprezzare l'"incontro" attraverso foto da insider di fascino e stile. Questo contributo accende l'intrigo e stimola la condivisione.

2. Prepara un programma. Nessun cliente web vorrebbe avere un account che invia 30 foto alla volta, ogni giorno. Anche se inondare il tuo feed con tutto quello che hai nella tua macchina fotografica può essere un'idea interessante per far risaltare il marchio, questa mossa può spingere i follower infastiditi dalla cosa a non seguire il tuo account e segnalare i tuoi post come spam. L'aspetto fondamentale è la qualità e l'innovatività, e anche solo una tua foto può essere capace di veicolare il tuo messaggio in modo più produttivo rispetto a caricamenti più sostanziosi che potresti effettuare.

3. Trasferisci Foto Vere. Il successo del tuo impegno nel marketing su Instagram si basa sull'immaginazione delle tue foto. Non riempire mai il tuo canale con immagini piene di scritte che raccontano notizie, occasioni o progressi. Condividi immagini belle e fantasiose, e se devi incorpora qualche contenuto, che è la cosa per la quale serve un iscrizione. Se stai incontrando difficoltà a capire cosa pubblicare immediatamente, ecco alcune riflessioni sulla metodologia dei contenuti:

- Immagini dei tuoi articoli in diversi scenari.

- Immagini di persone, famose o ordinarie, che utilizzano i tuoi articoli e che possono essere la normalità, reali, divertenti o stravaganti.

4. Hashtag. Nel progresso dei social media, gli hashtag aiutano soprattutto a organizzare i post. Questi possono essere usati in modo simile per organizzare la fase di condivisione delle foto che presentano interessi simili. Un altro approccio per incrementare l'utilizzo degli hashtag è quello di organizzare concorsi con premi in palio.

3 Passaggi per un Marketing su Instagram Efficace

Instagram sta crescendo in maniera pervasiva tra i marchi quale ottimo strumento di social marketing. La gente oggi apprezza l'animazione esteriore, il che rende così utile un sistema di social che si basa esclusivamente sulla condivisione dell'immagine.

Quando si utilizza una piattaforma basata sul web per condividere immagini che si riferiscono alla propria attività, si organizza un rapporto più radicato con i propri attuali fan e clienti, allo stesso modo, si accresce la propria offerta e se ne trovano di nuove. Non puoi condividere le fotografie delle tue cose e delle persone che si impegnano a mandare avanti la tua attività (indipendentemente dal fatto che ci sei solo tu ed il tuo furetto!), ma puoi anche invitare i tuoi clienti a presentare le loro foto dei tuoi articoli mentre li utilizzano.

Devi dimenticare il momento in cui accedi al tuo account sul social media. Questo è particolarmente importante con Instagram, dove si possono perdere 60 minuti senza doversi preoccupare di perdere un bel po' di tempo, limitandosi a guardare le innumerevoli immagini nel proprio stream.

Investire energia online è essenziale per la tua attività, ma nella remota possibilità che questo non sia tempo produttivo, allora diventa tempo sprecato. Stare seduti a oziare non porta all'acquisizione di nuove offerte. Questo è il motivo per cui hai bisogno di obiettivi comuni per ogni tuo sviluppo nel sistema social, come quando ti iscrivi ad Instagram, ad esempio.

Prima di iniziare la giornata, devi sapere quanto tempo hai a disposizione da dedicare a Internet e ad ogni framework. Limitati a con quel limite di tempo in modo da poter terminare gli incarichi più basilari del tuo ventaglio di opportunità e non lasciarti trascinare nella tana del coniglio chiamata Internet.

Ogni volta che ti iscrivi a Instagram, assicurati di fare queste tre cose per mantenere una buona condizione di redditività per costruire la fidelizzazione al tuo marchio:

Aggiungi le persone

Dedica 10-15 minuti per cercare clienti su Instagram nel tuo mercato reale. Puoi farlo cercando di seguire i tuoi avversari. Trova le persone che sono accattivanti con i marchi che seguono, poiché probabilmente coinvolgeranno anche te. Lasciano commenti e mettono "mi piace" spesso alle foto?

Dato che i social media si occupano di dare e ricevere, assicurati di seguire un buon numero di persone, aziende e blogger. Divertiti e fai le tue considerazioni.

Condividi il tuo contenuto

Prenditi 10 minuti al giorno per aggiungere nuovi contenuti unici al tuo account Instagram. La gente ha bisogno di vedere che hai diversi contenuti intriganti per sperare che ti possano seguire. Nel caso vedessero il tuo stream e vedessero solamente due immagini pubblicate nell'ultimo mese, non vedrebbero la motivazione per diventare tuoi follower.

Se non hai contenuti unici da condividere, fissa un'ora al giorno da dedicare per valutare la possibilità di scattare foto da condividere. Potrebbero benissimo essere scatti dei tuoi articoli, del tuo ufficio, dei tuoi rappresentanti e così via. Nel caso in cui si identifichino con il tuo marchio e la tua azienda, scatta una foto affascinante e modificala in base alle tue preferenze e condividila.

Sii intelligente

Non è niente di inaspettato che quando si hai un account sui social media, perchè prevede che sarai, beh, social. Non creare un account e startene seduto a guardare, la gente non ti seguirà.

Per avere successo su Instagram, dovresti essere effettivamente accattivante. La risposta ai commenti lasciati sulle tue immagin è quasi un obbligo. Richiedi ai tuoi follower di condividere le tue immagini.

Guarda i flussi dei tuoi aficionados e quelli della gente in generale che segui e lascia "mi piace" e commenti. Dimostrare che lavorerai in automatico con i vari clienti ti farà andare lontano nel costruire la tua immagine.

Instagram sarà disponibile per un bel po' di tempo. Per essere il migliore, dovresti contribuire alla vitalità del tuo account e sfruttare il tuo tempo in modo redditizio.

Come Promuovere la Propria Attività su INSTAGRAM

Le aziende che utilizzano Instagram per promuovere i loro articoli, le amministrazioni e le offerte hanno attualmente una possibilità significativamente più alta di vendere i loro prodotti ad un gruppo di curiosi preciso. Con il supporto di Facebook, Instagram ha recentemente promosso la sua piattaforma pubblicitaria che si integra con la sorprendente targettizzazione di Facebook, e le aziende lo hanno adottato come strumento preferito. Le aziende si sono resi conto che gli utenti vedono le loro notizie. Di conseguenza, gli inserzionisti di Instagram sono 2,5 volte più inclini a sfruttare gli annunci dei newsfeed rispetto a quelli di altre piattaforme dei social media. Quindi, l'utilizzo degli annunci su Instagram per la tua azienda apre un universo di possibilità.

La pubblicità versatile ha superato la pubblicità quotidiana su carta senza in modo significativo, e sia le imprese espansive che quelle private stanno ottenendo risultati concreti con la pubblicità sui social media. La pubblicità su Instagram ha appena generato un miliardo di entrate e si prevede che si raddoppierà nel giro di un anno, o, in altre parole, numerosi proprietari di imprese stanno investendo i loro soldi possono promuoversi.

La piattaforma pubblicitaria di Instagram è tutt'altro che difficile da usare, è divertente e sta crescendo grazie agli utenti energici e desiderosi. Può vantare risultati incredibili, ma è ancora moderata per le imprese indipendenti. Se vuoi promuovere il tuo articolo con annunci sui social media o vuoi incorporare gli annunci Instagram nel tuo mix di marketing, Instagram è fondamentale.

Ecco cinque suggerimenti da prendere in considerazione prima di lanciare una promozione su Instagram per sviluppare la tua immagine aziendale, attirare follower o un gruppo interessato alla tua offerta.

1. Comprendi le basi. Fai tutto ciò che serve per completare il tuo profilo aziendale e la tua biografia sul tuo account aziendale di

Instagram. Utilizza il logo della tua organizzazione come immagine del profilo.

2. Spiega PERCHÈ sei su Instagram. Dato che questo è il tuo conto aziendale, sii professionale, non personale. Aiuta gli utenti a relazionarsi con la tua immagine e fai in modo di non apparire troppo come un venditore.

3. Comincia con un piano. Pianifica i tuoi progressi di Instagram (e di tutti i tuoi social media). Stabilsci un programma che possa condurti al tuo obiettivo. Non avere un piano è il motivo per cui le aziende fanno flop sui social media, quindi prepara un piano prima di iniziare a pubblicare o a pagare per l'attività!

4. Non lasciare che i tuoi hashtag parlino per te. Presta invece la voce della tua attività ai tuoi hashtag. Modifica gli hashtag per il marketing e per la pubblicazione regolare, tienili pertinenti e accessibili. È fantastico utilizzare gli hashtag, basta fare in modo che non si perda il controllo e se ne utilizzi troppi in un unico post - veicola qualità su quantità.

5. Migliora il tuo look. Le immagini sono tutto su Instagram, quindi migliora al massimo le tue immagini ed i video. Gli utenti di Instagram hanno bisogno di vedere il "bello" o di leggere cose "intelligenti" o di identificarsi con qualcosa di significativo. Utilizzate le applicazioni e altri strumenti per immagini e video per migliorare il look ed il feeling di tutto ciò che pubblichi su Instagram.

Questi sono solo un paio di consigli da considerare quando si utilizza Instagram per promuovere la propria attività sul web. Se hai bisogno di idee su come migliorare i tuoi post su Instagram senza essere un fashioner o un fotografo.

Consigli di Instagram Marketing Per la Tua Attività

Un gran numero di persone utilizza Instagram in modo esauriente. Instagram ha semplificato il compito di scattare foto e di condividerle con i compagni, e molte persone lo apprezzano. Oltre alla gestione dei sistemi, è possibile utilizzare Instagram in modo più efficiente per il marketing. Instagram è un eccellente strumento che puoi utilizzare per espandere la tua attività sul web.

Racconta la storia utilizzando foto e video

Le foto valgono più di mille parole, e Instagram ruota tutto attorno alle immagini. Nel caso in cui fossi interessato a usare Instagram in modo completo, dovresti capire che le foto pubblicate a caso funzionano. Devi pubblicare costantemente le foto del tuo prodotto. La pubblicazione delle foto dei tuoi prodotti è uno dei metodi più efficaci per ampliare la conoscenza del marchio e l'offerta dei tuoi prodotti. Le immagini non dovrebbero essere eccezionalmente professionali. La cosa fondamentale è che i filmati devono dimostrare le qualità e gli elementi della merce che si vuole promuovere. Le foto dovrebbero richiamare molte persone su Instagram.

Anche i video sono fondamentali nel marketing di Instagram. Puoi creare e condividere un video con i tuoi collaboratori per far conoscere il tuo prodotto. Puoi anche scegliere di fare una recensione del prodotto in diretta e condividerlo su Instagram. Le immagini e i video hanno un significato maggiore rispetto ai file di testo. I file multimediali hanno maggiori probabilità di trasformarsi in un fenomeno del web quando le persone li condividono. Sono anche più importanti in termini di record dei contenuti. Realizza fotografie e registrazioni che dimostrino la storia e le qualità delle tue immagini. Quindi le foto e i video sono essenziali per migliorare il tuo marchio e le tue offerte.

Usa media di qualità

Per migliorare la tua diffusione, devi fare e condividere foto e video eccezionali nei tuoi feed. Se necessario, rivolgiti ad un esperto o ad un fotografo. In ogni caso, puoi usare una buona macchina fotografica per scattare foto nitide. Prova a scattare le foto migliori. Modifica le foto per ottenere risultati migliori. Per questo motivo i cellulari odierni sono dotati di strumenti di fotoritocco. Anche Instagram dispone di alcuni strumenti di fotoritocco. Applica questi strumenti per il tuo marketing su Instagram.

Connettiti con i tuoi follower

Tenere i contatti con i tuoi clienti è fondamentale, soprattutto per creare un'attività. Puoi iniziare dimostrando ai tuoi clienti che sei interessato ai loro input. Puoi farlo rispondendo alle loro richieste e alle loro osservazioni. Questo migliorerà la concretezza e la credibilità create dall'utente e aumenterà ulteriormente la diffusione dei tuoi prodotti e della tua attività. I tuoi follower di Instagram possono avere un impatto fondamentale sulla realizzazione del tuo progetto e devi tenerne conto.

Usa gli hashtag

Gli hashtag sono utilizzabili nel marketing di Instagram. È necessario utilizzarli perché gli utenti di Instagram interagiscono utilizzando gli hashtag. Gli hashtag consentono agli utenti di rendere accessibile la tua merce e sono essenziali se hai bisogno di trovare follower. I tag come i media possono creare un impatto virale che è utile alla tua attività. Puoi anche sfruttare gli hashtag particolare soprattutto se si identificano con il tuo prodotto. Questo è essenziale perché gli utenti di Instagram possono utilizzare gli hashtag per cercare i post.

Usa hashtag del marchio

Dovresti includere il tuo nome commerciale nei tuoi hashtag. Usa gli hashtag eccezionali per campagne limitate. Oltre al fatto che questo promuove la tua attività, crea un hashtag unico nel suo genere da condividere per i tuoi cienti per connettersi.

Sii aperto mentalmente con tutti

Quando fai marketing con Instagram, devi capire che Instagram è una rete fatta di persone con pensieri, sentimenti e basi variabili. Sii sempre d'accordo con tutti e dai valore alla loro opportunità di connettersi con te sulla tua pagina. Assicurati costantemente la sintonia con i tuoi clienti.

Sii dinamico

Posta sempre una volta al giorno per stare al passo con le ultime novità e garantire ai tuoi follower di essere sempre aggiornato sugli eventi in corso. Puoi provare a postare in diverse occasioni della giornata per vedere a quale ora i tuoi post funzionano meglio.

Costanza

La costanza è fondamentale nel marketing di Instagram. Sii costante nei tuoi messaggi e sviluppa un argomento che risulti inconfondibile nei tuoi post. Dì ai tuoi follower cos'hai in serbo per loro.

Connetti i tuoi account di Instagram e Facebook

Collega i tuoi registri di Instagram e Facebook per aumentare il tuo potere promozionale. Oggi potete avere una scheda Instagram sulla tua pagina Facebook. Questo ti permette di condividere i tuoi messaggi Instagram con i tuoi follower di Facebook se hai una pagina fan.

Con Instagram puoi connetterti con i tuoi compagni e con il mondo intero. Instagram può essere utilizzato per scopi di marketing. Con il marketing di Instagram è possibile migliorare la diffusione del tuo marchio, aumentare le offerte e, di conseguenza, i guadagni. Prendi in considerazione i consigli di marketing su Instagram già menzionati in precedenza per fare progressi.

5 Consigli Fotografici Per Potenziare il Tuo Instagram Marketing

Instagram ha un livello di partecipazione 52 volte superiore a quello di Facebook e 127 volte più di Twitter. Ciò significa che la porta è aperta per le organizzazioni che vogliono mettere in mostra un'ampia varietà di articoli e agli utenti su Instagram per ottenere le offerte e i vantaggi più incredibili.

La tua pagina Instagram è un modo per fare una presentazione eccellente e tempestiva su qualsiasi potenziale potenziale cliente. Inoltre, il modo ideale per debuttare in modo fantastico è quello di scattare foto e fare registrazioni eccellenti.

1. Luce

Ricordate che nessuna operazione di separazione o di modifica potrà salvare una foto mal illuminata. Usa una luce naturale in qualsiasi punto possibile, a parte nelle situazioni in cui puoi usare il corretto tipo di illuminazione. Nel caso in cui scattassi foto all'esterno, la mattina presto e la sera tardi sono i momenti migliori.

2. Usa i Tuoi Occhi

Prima di tirare fuori il telefono e iniziare a scattare foto, valuta ciò che accade intorno a te. Usa gli occhi per strutturare la foto nella tua mente. Non limitarti a tirare fuori il tuo cellulare all'ultimo grido e iniziare a scattare.

Cosa c'è fuori dal campo della foto? C'è qualcuno passeggia davanti al tuo soggetto? C'è qualcosa nelle vicinanze che potrebbe significare che scattare questa foto in un'area alternativa sarebbe un'idea migliore? Investi un po' di energia dando un'occhiata al tuo soggetto, al tuo ambiente, all'illuminazione e a tutto ciò che sta succedendo prima di cominciare a scattare.

3. Usa la Tecnologia

Instagram offre un assortimento di canali e strumenti di modifica. Ci sono inoltre applicazioni terze che migliorano la capacità della fotocamera del tuo cellulare. Non c'è nulla di sbagliato nell'usare app e strumenti per scattare foto fantastiche. La maggior parte dei cellulari più avanzati scattano foto che alterano i tratti distintivi delle foto e li integrano con le loro macchine fotografiche.

Generalmente integrano strumenti che consentono di tagliare, cambiare, alterare i livelli di illuminazione e tono, aumentare o diminuire la profondità, comprese le ombre, le sfumature e le caratteristiche, creando un'atmosfera d'impatto.

4. Ruota Attorno al Tuo Soggetto

La camera del tuo cellulare assorbe la luce in modo alternativo rispetto ad una convenzionale. Quando guardi il soggetto con il telefono mentre ti sposti in cerchio, percepisci come lo spostamento delle fonti di luce possa rivelare alcuni incredibili impatti e risultati sorprendenti. Comincerai a guardare prospettive che prima non si notavi quando bastava alzare il telefono e cliccare su un'immagine.

5. Cambia la Tua Prospettiva

Le riprese dall'alto o dal basso, possono dare luogo a immagini in movimento e farle apparire uniche. Le foto che escono vengono condivise. Questo è il modo in cui una singola fotografia su Instagram può circolare sul web, farti guadagnare centinaia o addirittura moltissimi follower e aiutarvi e attirare l'attenzione per quanto riguarda la tua attività.

CAPITOLO DUE

SMETTILA DI FRUSTRARTI CON IL MARKETING SU INSTAGRAM

Finalmente avete scelto di aprire un account su Instagram per la tua attività. Ben fatto! Questo è un campione tra i più affascinanti social network di oggi. Per sfruttare la maggior parte del suo potenziale di marketing, devi dedicarci molto tempo. In ogni caso, cosa succede quando riesci a ritagliarti tempo a sufficienza?

Con Instagram, così come con altri social media, se non partecipi attivamente allora è meglio che non ti iscrivi affatto.

Questo social network grafico non è stato creato in funzione dell'efficacia, il che lo rende uno degli elementi più interessanti e del sistema di social media marketing di un marchio. Tenendo conto di tutto ciò, come si può incorporare Instagram evitando gran parte dell'insoddisfazione che lo accompagna?

Ecco alcuni suggerimenti utili sul metodo più efficace per sfruttare il tempo che trascorri sul social network senza sprecare la maggior parte del tuo tempo.

Usa un app per la programmazione

Se sei sui social media da molto, sai che esiste che c'è un momento di picco per pubblicare. È una caratteristica distintiva di ogni marchio e generalmente dipende da quando il tuo gruppo di follower è più dinamico.

Fai le tue ricerche e scopri qual è quel momento di picco è per i tuoi follower. In questo modo, quando pubblichi un post, puoi raggiungere un pubblico maggiore.

Il momento perfetto per postare su Instagram non è sempre il più comodo. Per esempio, come fai a pubblicare una foto alle 17.00 di venerdì, se hai un incontro fissato per quell'ora?

Semplice: usa un'applicazione di programmazione. Ne esistono moltissime. Trova quella che ti piace e prepara i post che devi pubblicare in modo periodico o mensile. Calcola la data e l'ora in cui vuoi che ogni post venga caricato. E dopo di che procedi con la tua giornata.

Rispondi ai commenti con un aiuto

Un elemento critico per la fidelizzazione del marchio sui social media è quello di mettere in conto di dover rispondere ai commenti dei tuoi follower. Devono rendersi conto che i loro commenti vengono riconosciuti. Questo può essere difficile quando il tuo seguito aumenta e cominci a ricevere molti commenti sui tuoi post ogni giorno.

Fortunatamente, puoi utilizzare l'aiuto di app per semplificarti il processo di risposta.

Puoi dare un'occhiata ad app come InstaCommentor e Iconosquare per risparmiare tempo e restare consapevole dei tuoi commenti.

Fai post incrociati con un app

A volte è necessario condividere il tuo post Instagram con la maggior parte delle altre reti che usi. In ogni caso, come puoi fare ciò senza sprecare troppe energie con il tuo telefono?

Usa l'applicazione If This, Then That. IFTTT è uno strumento fantastico e aiuta i marchi a pubblicare i loro contenuti senza entrare e pubblicare fisicamente.

Con questa app, si crea una sorta di "formula" che ti farà risparmiare tempo sui social media. Fondamentalmente, si crea una ricetta di ciò che deve accadere quando si fa qualcosa di unico.

Con questa app, puoi far sì che le immagini che condividi su Instagram vengano condivise in modo naturale su Twitter, ad esempio.

La tecnologia attuale, in particolare il numero di app accessibili, facilita il controllo del tuo social media marketing e lo fa integrare nei tuoi programmi. Ciò è particolarmente utile per quanto riguarda le parti di Instagram che richiedono tempo.

Instagram è Valido Per il Promuovere la Tua Attività?

Ad oggi, su Instagram ci sono più di 300 milioni di utenti - la stragrande maggioranza dei quali sono più ricchi e più giovani rispetto agli utenti di altre piattaforme social su Internet. Inoltre, le persone utilizzano maggiormente i loro dispositivi mobili per avvicinarsi ai marchi e per acquistare i prodotti di un'organizzazione sul web.

Diverse piccole realtà commerciali si stanno avvicinando alla vita social su internet, e il mobile aiuta a suscitare interesse, sviluppare il proprio marchio e infine offrire più prodotti, e Instagram è incredibile sia per i prodotti fisici che per quelli online o per le amministrazioni. Si è trasformato in un luogo dove gli utenti sono preparati, disposti e pronti ad acquistare in modo adeguato sul posto con i loro dispositivi mobili.

Instagram si è inoltre trasformato in un elemento quantificabile sia per i lead che per le offerte e si è dimostrato essere fantastico tra le più note piattaforme di pubblicità sui social che aiutano le piccole imprese a raggiungere un gran numero di clienti e a trarre vantaggio dalle proprie abilità.

È anche inoltre un luogo eccezionale per acquisire clientela, dove è possibile condividere dati ad alto impatto sui nuovi prodotti, sui nuovi punti salienti o sulle nuove amministrazioni. Inoltre, ora con il mix di annunci Instagram è possibile ampliare il proprio raggio d'azione quasi senza fatica e con una piccola spesa sapendo ciò che si fa.

Indipendentemente dal fatto che tu gestisca annunci pubblicitari o meno, nel caso in cui tu stia promuovendo il tuo prodotto in una nicchia di mercato che non è generalmente redditizia, probabilmente stai sprecando il tuo tempo e il tuo denaro. Investire denaro in una promozione che non offre un ROI positivo non è solo deludente, ma anche la base per le piccole imprese. Purtroppo, il problema potrebbe non essere il modo in cui promuovi il tuo prodotto, ma a chi vendi il tuo prodotto.

Non tutti i mercati di nicchia sono fatti allo stesso modo. Infatti, alcuni mercati di nicchia sono solo più redditizi di altri. L'obiettivo è quello di trovare in una nicchia per trarne profitto. Se stai investendo energia e denaro nel marketing all'interno di una nicchia di mercato grande e popolata, presumibilmente dovrai concentrarti sul tuo prodotto ed il messaggio.

Non puoi negare che promuovere la tua offerta in un mercato di nicchia con gruppi di acquirenti che sprecano denaro è una scelta di business ragionevole. Per i titolari di un'attività, la questione principale è che ci sono alcuni vantaggi del marketing in una nicchia di mercato redditizia. Uno è che si fanno soldi. Un altro è potrai offrire prodotti essenziali che il mercato ti rivelerà.

Usare Instagram per immettere sul mercato un prodotto nella nicchia di mercato sbagliata è uno dei più grandi passi falsi che le piccole imprese fanno, quindi valuta l'opportunità di addentrarti ulteriormente nella tua nicchia di mercato e nella ricerca proporre ciò di cui la gente ha bisogno - questo è un marketing eccellente.

Instagram Funziona Per Te?

Instagram può lavorare meglio per alcune attività piuttosto che per altre. Conta più di 800 milioni di utenti mensili e continua a crescere. Inoltre, poiché si tratta di un pezzo di Facebook, si sa che il suo successo ha un peso enorme. Tuttavia, Instagram può funzionare per la tua attività?

Instagram è una piattaforma di social marketing molto grafica. Nel caso in cui tu sia una cooperativa specializzata, puoi pubblicare una serie di immagini per aiutare a trasmettere il tuo marchio e la tua value proposition. Quando hai prodotti fisici e un valido sistema di marketing Instagram supporta le offerte e i vantaggi.

Marketing Su Instagram

Proprio come qualche altra associazione di relazioni, i risultati incredibili cominciano con la crescita dei tuoi follower in modo stabile. Più persone interagiscono con i tuoi post ed il tuo marchio, maggiore è il tuo potenziale di richiamare spettatori per ogni posizione.

Instagram ed i suoi annunci ti danno la possibilità di interfacciarti con le persone della tua nicchia in modo divertente e grafico. È tutt'altro che difficile da utilizzare se hai un cellulare. Scatta una fotografia, caricala e i tuoi iscritti la vedranno e avranno la capacità di interagire con essa.

Fai una Call to Action

Il problema principale degli addetti al marketing è che pubblicano senza inserire call to action. Stabilisci un obiettivo per ogni post e utilizzalo per costruire la tua call to action, per esempio, "iscriviti adesso" o "acquista adesso".

Usa gli Analytics

Le statistiche su Instagram consentono alla tua azienda di comprendere come le tue diverse campagne funzionano. Devi utilizzare un account aziendale per poter utilizzare agli strumenti. Gli strumenti ti permetteranno poi di comprendere come i tuoi follower si collegano con la tua merce, in modo da poter suggerire un cambiamento.

Fai Promozioni Incrociate

Poche persone usano esclusivamente Instagram, quindi sfrutta ogni post con pubblicazioni incrociate su Facebook, Twitter, Tumblr, Pinterest e così via. Ricordati di accogliere in modo simile le persone che ti seguiranno su Instagram.

Non Promuovere Eccessivamente

Scegli due momenti, di giorno e di sera, e vedi quando si verifica il riscontro più rilevante. A quel punto pubblica senza sosta, o riduci i tuoi post noti un ritorno inferiore.

Storie di Instagram

Le storie di Instagram consentono alle aziende di interagire con i loro clienti attuali e potenziali creando una progressione di immagini con l'obiettivo finale di raccontare una storia. Ogni storia che si fa dovrebbe aggiornare il tuo marchio e costruire la tua value proposition in modo chiaro.

La cosa fondamentale da ricordare delle storie Instagram è che non sono eterne. Le immagini e le registrazioni rimangono sul tuo feed solo per 24 ore, dopodichè scompaiono. Le storie di Instagram possono essere utilizzate per ampliare la cura del marchio, ottenere più follower e creare occasioni. Pubblica i tuoi account quando sai di essere famoso con i tuoi utenti, con l'obiettivo finale di renderli una buona parte del ciclo di 24 ore.

Tutto Ciò Che Devi Sapere Sulla Pubblicità su Instagram

Il lancio delle promozioni su Instagram è stato accolto a braccia aperte dalle organizzazioni di tutto il mondo, che sono pronte a utilizzare la piattaforma standard per raggiungere più di 400 milioni di utenti dinamici in tutto il mondo.

Per gli abitanti del Medio Oriente, il suo lancio è stato celebrato maggiormente, poiché la parte del leone della popolazione che parla arabo è più raggiungibile su Instagram che su altre piattaforme social.

Cosa rende le pubblicità su Instagram così di successo e in che modo la tua attività può utilizzarle?

Instagram, di regola, offre un tasso di coinvolgimento significativamente più alto rispetto a qualsiasi altra piattaforma social. Se hai un profilo Instagram attivo, sai che è più probabile essere notato qui che su altre piattaforme. Inoltre, è anche relativamente meno impegnativo scegliere organicamente un buon post su Instagram.

La presentazione di annunci pubblicitari semplifica il raggiungimento di utenti mirati su Instagram e si può farlo se utilizzato in modo fattibile.

Cosa devi pensare delle Pubblicità su Instagram

1. Offre diverse posizioni di promozione

La pubblicità di Instagram ti offre tre tipi di annunci: immagine, video e carosello. Gli annunci di immagini ti permettono di usare immagini per raccontare la tua storia e inoltre fanno appello al tuo target di riferimento per fare una mossa, mentre gli annunci video ti concedono 30 secondi per trasmettere il tuo messaggio in modo artistico come vuoi tu e l'alternativa del carosello è costituita dagli annunci di immagini "a mille", e ti danno la possibilità di usare numerose immagini che l'osservatore può scorrere, fornendo varie opportunità per stimolare un'azione.

2. Hai a disposizone tasti call-to-action per dirigere le persone sul tuo sito

La parte più deludente per quanto riguarda la pubblicità sui social media è l'attivazione del coinvolgimento. Si possono ottenere un sacco di preferenze e osservazioni, tuttavia condurre un'attività simile sul proprio sito è in qualche modo discutibile. Gli annunci di Instagram offrono pulsanti di call to action (come gli annunci di Facebook) che consentono di condurre agevolmente l'azione sul tuo sito. I pulsanti call to action sono accessibili su tutti e tre i tipi di annunci.

3. Targettizzazione pubblicitaria particolare

Gli sponsor di Instagram potrebbero rivolgersi in modo attendibile a gruppi di persone in base all'età, alla zona e al sesso. In ogni caso, adesso collabora con Facebook per raggiungere gli utenti che dipendono dai loro interessi e dalle loro associazioni sulle due reti - una straordinaria raccolta di informazioni sulle tendenze delle persone vicine a casa.

4. C'è meno competizione

Facebook conta attualmente circa due milioni di inserzionisti, il che comporta che gli inserzionisti stanno attualmente fronteggiando una maggiore concorrenza per raggiungere il loro target di riferimento. Poiché Instagram è una piattaforma pubblicitaria relativamente nuova, nonostante tutto, offre una piattaforma meno mirata per la pubblicità e per raggiungere gli utenti rispetto a

Facebook.

4 Consigli Per Instagram Per un'Attività Online

Devo parlare di una pagina web di social media che si sta sviluppando molto velocemente e che offre un vero e proprio potenziale di sviluppo online per qualsiasi azienda. Sto parlando di Instagram!

Prima di arrivare a questo, la promozione online pagata funziona ancora. Gli annunci pay per click su Google e Yahoo/Bing funzionano ancora. Gli annunci PPC su Facebook funzionano onestamente.

Nonostante ciò, non c'è nulla che impedisca al potere di proteggere Facebook, Twitter, YouTube, LinkedIn, Pinterest, eccetera. Lo stesso vale per Instagram.

Instagram ha appena quattro anni e conta più di 150 milioni di utenti in tutto il mondo. Ciò significa che mostrare i tuoi articoli e servizi aziendali online con le foto su Instagram ha un'ampia portata in tutto il mondo.

Ecco alcuni consigli fondamentali riguardo Instagram per un'attività online.

1. Condividi le tue foto sugli altri social network. In un mondo perfetto, è indispensabile che la tua attività sia famosa tra molte persone, comprese quelle che non sono su Instagram.

Per raggiungere questo obiettivo, condividi le informazioni

fondamentali relative ai tuoi articoli e servizi su altri social network, ad esempio Twitter e Facebook. In questo modo, le persone che non sono follower su Instagram possono vedere le tue foto e mettersi in contatto con te, il che può portare ad un miglioramento delle offerte e dei vantaggi.

2. Use gli hashtag. Usa degli hashtag particolari perché ti permetteranno di avere più follower su Instagram con cui condividere le tue foto.

Quando utilizzi gli hashtag assicurati di mantenere una distanza strategica dagli annunci generali, per esempio, #televisione, invece di dire #Samsung #LCD. Prova, per quanto possibile, di attirare i tuoi follower utilizzando hashtag potenti.

Inoltre, assicurati di controllare cosa stanno facendo le diverse aziende del tuo settore. Potrebbero avere nuovi pensieri che nemmeno immagini.

3. Condividi elementi importanti. Ovviamente, moltissime persone avranno solo bisogno di conoscere le informazioni essenziali sulla tua attività, sui prodotti e sul servizio.

Quando condividi le informazioni su Instagram, assicurati di condividere le informazioni rilevanti per quanto riguarda l'azienda, la sua merce e il servizio. Evita di condividere informazioni che non possono valorizzare l'azienda.

4. Sii affidabile. La coerenza è importante per quanto riguarda l'espansione degli affari e la fama attraverso qualsiasi social network.

Assicurati che le foto che pubblichi e condividi su Instagram raccontino storie uguali sulla tua attività. Pubblicare informazioni contrastanti e confuse può costare caro, quindi assicurati di limitarti alle informazioni relative alla tua attività.

Conviene Utilizzare Gli Hashtag su Instagram?

Instagram può essere straordinariamente convincente. Tuttavia, bisogna stare attenti a come lo si usa. Questo è il luogo in cui gli hashtag Instagram funzionano molto bene.

Gli hashtag ti permettono di orientare e cercare i contenuti corretti su Instagram. Questi strumenti consentono al tuo gruppo di interesse di scoprirti e tu puoi arricchire le tue offerte con l'entusiasmo. Chi usa Instagram pensa di dimostrare che combinare gli hashtag nei post su Instagram, alla fine, può produrre il 12% di coinvolgimento in più.

Espandi la Tua Portata

La cosa importante degli hashtag è la loro capacità di raggiungere un'ampia varietà di persone che possono non avere nulla a che fare con te e che non ti seguono su Instagram.

Come Funzionano Gli Hashtag di Instagram?

Supponiamo che un utente cerchi il termine "giardinaggio". Instagram mostrerà tutti gli ultimi post che contengono la parola d'ordine "coltivare". Usando #giardinaggio come hashtag sui tuoi post, suggerisci a Instagram di far promuovere il tuo post ogni volta che qualcuno cerca quel termine.

Metti un hashtag sui tuoi post con i relativi slogan. Utilizza parole e termini che pensi che gli utenti di Instagram cercheranno. Utilizza sempre il carattere # prima della parola, non accentuare, mantienila il più breve possibile e usa lettere e numeri.

I Migliori Hashtag Per Instagram

L'appiccicare hashtag a caso non sortirà l'effetto desiderato. Devi scegliere con precisione i migliori e più comuni hashtag per raggiungere il pubblico giusto per la tua attività. Dovresti usare le parole chiave ricercate dal tuo mercato fisico, e devi tenere d'occhio quali sono le migliori per te.

Trovare i migliori hashtag sarà un'avventura. Un paio di strategie da utilizzare possono essere:

- Dai un'occhiata agli hashtag che i tuoi avversari sfruttano per promuovere la loro attività.

- Prova diversi hashtag e valuta i risultati.

- Usa un applicazione per gli hashtag (come TagOMatic).

- Sfrutta gli Hashtag di Tendenza

Quando si verifica un evento, viene creato sempre un hashtag. Nel caso in cui si possa mettere in relazione il proprio post con l'hashtag, questo verrà presumibilmente visto dalle persone che seguono quella specifica notizia.

La chiave è cercare quando un particolare hashtag che sembra, a detta di tutti, essere prevalente, e pubblicare contenuti utilizzando quell'hashtag per sfruttare l'enorme numero di spettatori che l'hashtag porta con sè.

Nell'indice web di Instagram, cerca i diversi hashtag che corrispondono a una pagina. Utilizza questi hashtag quando pubblichi qualcosa. Questa è un'altra strategia per contattare gli utenti di Instagram che sono ancora sul sito che, tuttavia, non ti seguono e che non avrebbero visto i tuoi post.

Istruzioni Passo Dopo Passo Per Creare Post di Instagram Che Aumentano le Vendite

Instagram continua ad ospitare un gran numero di foto ogni giorno, e nel caso in cui tu sia un imprenditore che spera di far conoscere i propri prodotti, devi inserire questa modalità di condivisione delle foto nei tuoi canali social. Con 300 milioni di utenti dinamici mensili e più di 75 milioni di utenti giornalieri, è presumibile che Instagram sia un valido strumento di promozione da utilizzare per attirare potenziali clienti.

Tuttavia, è bene ricordare che l'utilizzo di Instagram per la promozione dovrebbe essere qualcosa di diverso dallo scatto di foto, dall'applicazione di filtri e dalla distribuzione delle stesse sulla tua newsfeed. Oggi puoi trovare un modo per garantire che le foto emergano e che attirino maggiormente l'attenzione.

Enfatizza Le Tue Foto

Quando si condividono le foto dei propri articoli, è meglio essere più creativi quando si scattano fotografie. Puoi cercare un altro aspetto diverso da quello standard, oppure puoi includere un'altra cosa insieme al tuo prodotto.

Puoi anche aggiungere contenuti alla tua foto per attirare l'attenzione.

L'illuminazione corretta è un requisito assoluto. Indipendentemente dal fatto che scatti foto all'interno o all'esterno, ricordati del flash. L'illuminazione è fondamentale per raccontare un aneddoto sul tuo prodotto e per fare in modo che la luce venga utilizzata in modo corretto.

Scegliete anche se condividere singole foto in varie tonalità o solo in forte contrasto. Inoltre, considera anche di utilizzare i filtri di Instagram.

Scegli bene i tuoi filtri per assicurarti di creare il giusto impatto sulla storia che racconti con le tue immagini.

Inserisci una Didascalia

Sebbene una foto dica già da sola mille parole, l'aggiunta di una didascalia composta in modo elegante può attirare maggiormente l'attenzione degli utenti di Instagram. Basta pensare a una didascalia che rappresenti al meglio l'immagine e la storia che si vuole trasmettere.

Includi una Call to Action

Includere una call to action ai tuoi post stimola i tuoi follower ed i potenziali clienti a fare una mossa. Questa strategia è inoltre attuabile per aumentare i nuovi follower.

Assicurati di creare una call to action che catturi l'attenzione in modo efficace e che possa invitare le persone ad agire istantaneamente mentre guardano la tua immagine.

Includi gli Hashtag

Gli hashtag sono indispensabili su Instagram, di conseguenza, includine alcuni in ogni immagine che condividi. La cosa migliore è aggiungere da tre a cinque hashtag solo per ogni foto che pubblichi.

L'aggiunta di hashtag opportuni e significativi fa sì che la tua foto venga trovata senza problemi da diversi utenti. Puoi anche iniziare una compagna con gli hashtag utilizzando la tua immagine che i tuoi followers possono usare nei loro post.

Segui questi suggerimenti ogni volta che pubblichi un'immagine su Instagram, e potrau attirare altri clienti potenziali e migliorare le tue offerte.

CAPITOLO TRE

PERCHÈ INSTAGRAM È COSÌ POTENTE PER LA TUA ATTIVITÀ E IL TUO MARCHIO PERSONALE

Sai quant'è potente Instagram?

Moltissime persone hanno scoperto una piccola applicazione chiamata Instagram, che ha sconvolto il mondo. Non importa se tu sei un maestro dell'innovazione, che pensa alle applicazioni più recenti e più importanti, o se non riesci a consultare la tua posta elettronica. Tutti noi conosciamo qualcuno che è sempre su Instagram. Se guardi fuori dalla finestra, oggigiorno, è difficile vedere qualcuno che non guarda il telefono, ignorando completamente ciò che accade intorno a lui. È affascinante quanto la gente usi il telefono mentre è in mezzo a una discussione, a volte più concentrata sul telefono che non sul confronto che sta avendo con la persona che ha davanti a sé. È mai successo, o forse lo hai fatto senza l'aiuto di nessuno?

È un mondo alternativo quello in cui viviamo ora, diverso da quello di 10 - 20 anni fa. A quei tempi gli smartphone non erano così smart, le applicazioni non erano così diffuse, e le persone non erano completamente ipnotizzate dai loro telefoni e, a maggior ragione, dalle applicazioni che usano. Oggi si possono usare applicazioni

126

come Instagram per parlare con i compagni, taggandoli su qualcosa che hai visto, inviando loro un messaggio video, rispondendo a una storia che hanno postato, o anche basandoti su qualcosa che ti ha aiutato a ricordarli. Puoi anche recuperare il tempo perduto esplorando diverse aree urbane, osservando la vita del tuo artista più amato, o il tuo intrattenitore più amato che o alcune caratteristiche del gioco di qualche notte fa. Nulla di tutto questo esisteva 15 anni fa, allora la gente guardava alla TV per distrarsi, ma ora le persone spendono più energia che in qualsiasi altro momento nella memoria recente e Instagram è il luogo in cui investono la stragrande maggioranza del loro tempo. Indipendentemente dal fatto che si possieda un'azienda o che debba costruire il proprio marchio o meno... Instagram è senza dubbio una delle piattaforme che bisogna utilizzare, ecco.

Lo sapevi Instagram conta 800 milioni di utenti? Instagram sta salendo rapidamente al punto più alto di ogni piattaforma di social media e, con i suoi 800 milioni di utenti, si è rivelata un'ottima piattaforma per raggiungere il proprio pubblico di riferimento. Mentre Twitter è rimasto a 350 milioni di utenti da un paio d'anni, Instagram lo ha superato e raggiungerà un miliardo di utenti entro l'anno prossimo o due. Come recita il noto assioma "Incontra i tuoi clienti e le persone dove sono". Al momento si trovano su Instagram, e Instagram è sul loro telefono, e quindi è molto potente. Cercando, puoi sempre scoprire che c'è sempre qualcuno che guarda il proprio telefono e, soprattutto, che utilizza Instagram.

Instagram rende il Networking meno impegnativo. Le capacità di networking e i risultati che Instagram ci ha dato, su scala mondiale, sono ineguagliabili. Le persone intelligenti come te sanno che dovrebbero sfruttare ogni possibilità di sviluppare e far crescere la loro rete. Instagram ti permette di collegarti con persone che rispondono ai loro interessi, alla loro area, alle loro etichette, ai loro compagni e ai loro contatti. La cosa migliore è che puoi creare la tua rete in tutto il mondo dal tuo smartphone. Ciò ti da valida giustificazione per trascorrere molto tempo su Instagram.

Instagram potenzia la tua portata e il tuo coinvolgimento. Instagram ha una portata e un livello di partecipazione degli utenti 58 volte superiore a quello di Facebook, e 120 volte superiore a quella di Twitter. Quindi, formare il proprio pubblico Instagram è essenziale per il successo di oggi e lo sarà ancora di più nel prossimo futuro. Il fatto di non formare il proprio pubblico mirato (persone che sono coinvolte con la tuaa azienda o con il tuo marchio) è simile al non avere un cellulare o un email con la quale le persone possono mettersi in contatto con te. Come un pescatore che non ha una lenza o una rete per catturare il pesce, un parrucchiere che non ha le forbici per tagliare i capelli... Insomma, hai capito. Inizia a formare il tuo pubblico oggi stesso, in modo da poter iniziare a raccogliere energia e presentare in breve tempo la tua offerta, preparandoti per il futuro con un'azienda solida pronta ad espandersi.

Instagram è divertente e semplice da usare. Chi usa Instagram già lo sa. Indipendentemente che tu abbia un account personale o aziendale, puoi comunque vedere quant'è potente Instagram. Le persone possono esplorare le comunità urbane, le nazioni e gli ideali dal proprio telefono, oltre che osservare e fare registrazioni dal vivo per il loro pubblico. Si può anche parlare con qualcuno in video dal vivo, con stile.

Inoltre, i risultati probabili sono notevoli, con nuovi elementi che vengono aggiunti frequentemente. Instagram ti consente di avere la tua rete televisiva senza dover necessariamente sostenerne il costo. Sorprendentemente è ricevere feedback dal proprio pubblico con commenti e coinvolgimento parlando con loro, il chè rende Instagram più potente della TV.

La gente ama le immagini e le ha sempre amate e sempre le amerà. Per chi non ha mai usato Instagram, questo può essere un modo sorprendente di associarsi con le persone e di creare un pubblico mirato e concentrato. Si può realizzare un pubblico che è vicino, in tutta la nazione, o universale, basandosi sulla propria passione, sul proprio marchio, sulle proprie esigenze o sull'entusiasmo. Un detto famoso dice: "Un'immagine è giustificata a prescindere dalle mille parole". Comincia a utilizzare Instagram oggi stesso e lascia che le tue immagini parlino per te. La gente ha sempre adorato le foto per secoli, quindi puoi immaginare il potenziale di Instagram.

Utilizzando Instagram, puoi creare associazioni essenziali. Molte persone sanno che Instagram si sta sviluppando in modo significativo. Specialmente negli ultimi tempi, la pianificazione è fondamentale. Tutti conoscono qualcuno che è sempre al telefono per controllare il proprio account di Instagram e, a maggior ragione, Instagram tiene in considerazione le persone. Si è rivelato essere una delle piattaforme più robuste dove le persone e le aziende possono collegarsi con gli altri. Riesci ad immaginare di associare nuove persone e potenziali clienti utilizzando Instagram? Immagina uno scenario in cui potresti creare un'associazione vivace e famosa con il tuo pubblico. Nel frattempo, crea e sviluppa il tuo marchio e la tua vicinanza nella mente delle persone in tutto il mondo. Inoltre, oltre a rimanere in contatto con i propri cari, Instagram ti permette di fare tutto, e questa è solo la punta dell'iceberg.

Internet Marketing - Cos'ha in Serbo il Futuro

Quando l'Internet Marketing Association, un'associazione composta da un milione di membri, ha scelto Dean Hollander di Renovate America come "Head Marketing Officer of the Year", ha sottolineato la sua promessa per quanto riguarda gli impegni non comuni e le sfide eccezionali per l'Internet Marketing. Hollander è stato scelto per il suo "fantasioso uso del video e del marketing avanzato per creare una gestione del pensiero" e per l'unica procedura di elogio personale, unica nel suo genere, che ha potuto creare.

Gli uffici di internet marketing di tutto il mondo partecipano a strategie di marketing avanzato comprovate per stimolare le organizzazioni e le aziende a diffondere la conoscenza del marchio in mercati più ampi e a incrementare i benefici. Il piano critico incorpora SEO (miglioramento del design del sito), SMO (ottimizzazione della vita online) e promozioni avanzate.

Il business basato sul web è oggi il modo più rapido e semplice per acquistare e offrire articoli. Si è trasformato in una grande opportunità per ottenere benefici a livello locale grazie al suo ampio e vasto pubblico raggiunto, unito all'idea che un numero sempre maggiore di consumatori lo utilizza come mezzo di acquisto principale. I tre migliori dispositivi o piattaforme per il business basato sul web sono:

- **Facebook -** il 're' della vita social su internet grazie alla sua reale utilità di condivisione e alla capacità di dare voce attraverso le proposte degli utenti, ha reso questo strumento un vero e proprio mezzo di lavoro da utilizzare per qualsiasi attività basata sul web.

- **Wanelo -** il negozio virtuale che permette agli utenti di vedere cose di tendenza e di trovare cose specifiche di interesse. Gli utenti di Wanelo possono ricollegare le loro attività sul web a destinazioni che promuovono un'attività extra che permette agli articoli di entrare nel "adesso va di moda". Questo dà un notevole impulso alle aziende e alle loro domande.

- **Instagram -** gli apparecchi che modificano le foto di questa piattaforma moderna offrono alle attività online uno spazio rilevante per promuoversi. Gli utenti di Instagram sono molto intelligenti e le immagini vengono condivise senza problemi su diverse piattaforme, garantendo una diffusione maggiore, una maggiore penetrazione, il riconoscimento del marchio e il potenziale.

Gli imprenditori si aspettano che in futuro una tecnologia interessante, nota come Internet delle cose o IoT, si trasformi in una vera e propria meraviglia. Accanto alla realtà ampliata e virtuale, che sono concorrenti equivalenti, l'internet delle cose fornirà ai consumatori "accessi intelligenti alle normali macchine tradizionali di una rete particolare". È una porta aperta incredibilmente energizzante per le imprese e i consumatori e per qualsiasi individuo che utilizzi Internet in qualsiasi luogo, tuttavia è impossibile dire quale effetto avrà tale progresso nel mondo del marketing basato sul web. Una parte delle previsioni che fanno il giro sono:

- Le ricerche online si sposteranno fortemente verso le domande di conversazione o le richieste a lungo termine, piuttosto che scegliere con precisione i tormentoni o le espressioni.

- I tassi di navigazione organici potrebbero iniziare a diminuire a causa del coinvolgimento nella conversazione

- Google potrebbe non essere più il nome predominante nei web crawler, poiché il miglioramento non si concentrerà principalmente su di esso.

- Gli incontri personalizzati e la personalizzazione saranno elementi significativi.

- Il marketing domestico acquisirà importanza e comincerà ad orientarsi maggiormente verso scopi privati.

In ogni caso, gli aspetti fondamentali che riguardano il miglioramento dell'innovazione dell'internet delle cose sono il tasso di crescita della sua importanza e il modo in cui questa innovazione si svilupperà e progredirà nei tempi a venire. Abbiamo intuito come i nuovi progressi si estendano a livelli inattesi e in modi sorprendenti. Comunque sia, il modo ideale per adattare le strategie di marketing per l'internet degli oggetti del futuro è quello di restare versatili e adattabili e di procedere alla sperimentazione.

Consigli Pratici sul Marketing Strategico su Instagram

Essendo il proprietario di un'azienda sempre attento ai nuovi modi di pubblicizzare i tuoi prodotti e le tue amministrazioni, dovresti prendere in considerazione Instagram per il tuo piano di marketing online. Essendo una delle organizzazioni di comunicazione interpersonale in più rapido sviluppo al mondo, Instagram conta più di 100 milioni di utenti dinamici in tutto il mondo, producendo 40 milioni di immagini per ogni giorno. Se queste cifre non ti ispirano, non sappiamo cos'altro potrebbe farlo! Questa organizzazione informale basata sulle immagini fornisce innumerevoli risultati potenziali al marketing dei marchi. Usa questo sito per attirare e influenzare i clienti acquisiti e potenziali. Sotto, scoprirai alcuni suggerimenti sul modo migliore per entrare nel mercato con Instagram.

- **Pubblica contenuti reali.** Questo è un suggerimento facile da prendere, che molti ignorano. I contenuti devono essere sempre genuini, riguardanti persone e cose autentiche. Le cose inesistenti e inventate non hanno spazio in nessuna pagina social. Queste ti rovinerebbero e influenzerebbero negativamente la tua immagine aziendale.

- **Condividi contenuti fantastici.** Cosa caratterizza un alto livello? Post che sono accattivanti oltre che affascinanti, educativi. Inoltre, dovresti pubblicare qualcosa che sia di grande aiuto per il tuo pubblico. Posta una foto ben curata sul modo migliore per restaurare un vecchio mobile in legno, se la tua attività è un negozio per il restauro della casa.

- **Sii affidabile.** il problema di alcuni proprietari di attività è che non hanno un orario di lavoro regolare. Oppure sono semplicemente troppo apatici. Qualunque sia il motivo dell'irregolarità, dovresti fare qualcosa. Potenzia la capacità di marketing di Instagram diventando costante con i tuoi post. Se gli affari ti tengono lontano dal PC per gran parte della giornata, prendi in considerazione l'idea di assumere un maestro del social per fare queste cose per te.

- **Usa hashtag rilevanti.** Gli hashtag contribuiscono a rendere i tuoi post più inconfondibili per il tuo pubblico. Assicurati di usarne tantissimi, tuttavia, scegli quelli che sono molto importanti per il tuo business, e che sono adatti ai tuoi post.

- **Costruisci connessioni.** Similmente alle altre organizzazioni informali, Instagram è anche un luogo ottimale per la collaborazione con altre persone, in particolare con i potenziali clienti. Cerca di instaurare un collegamento con loro. Parla con diversi utenti ed esprimi loro la tua gratitudine per la condivisione di immagini identificate con il tuo marchio.

Reagisci in modo appropriato ai feedback negativi. Non tutte le immagini relative al tuo marchio sono sicure. Alcune riceveranno feedback negativi. Non cercare la guerra contro questi utenti. Piuttosto, contattali e scopri cosa sta causando questa tensione. Risolvi i loro problemi ed esprimi la tua gratitudine per averti aiutato a creare un marchio migliore. Questa tua strategia verrà apprezzata senza alcun dubbio.

Senza dubbio, ci sono un sacco di grandi porte aperte per il marketing su Instagram. Assicurati solo di essere pronto in modo da poterne amplificare completamente il potenziale. Divertiti!

I 5 Modi Migliori Per Utilizzare Instagram In Modo Efficace

Instagram attualmente viene utilizzato da un elevato numero di persone in tutto il mondo, e per un valido motivo: scattare foto e inviarle ai propri compagni non è mai stato così facile! Comunque sia, Instagram può essere utilizzato in modo estremamente valido, sia per la gestione dei sistemi che per scopi di marketing. Nel caso avessi un'attività e volessi promuoverla online, questo può essere uno strumento interessante. Ecco 5 dei modi migliori per utilizzare correttamente Instagram:

1. Gli Hastag Sono Come Una Magia!

Twitter li usa, Instagram li usa, e ultimamente anche Facebook ha implementato gli hashtag. Gli utenti di Instagram interagiscono prevalentemente con gli hashtag; per questo motivo è necessario capire come utilizzarli per ottenere il massimo vantaggio. Questa possibilità può essere particolarmente utile per le aziende che cercano follower, in quanto consente loro di rendere accessibili i loro contenuti e, allo stesso modo, innescherà un impatto virale che andrà a vantaggio del mercato a lungo termine.

2. Le Foto e i Video Possono Raccontare Una Storia

Una foto può essere spiegata con mille parole, e tutti lo sanno. Instagram si basa sulle fotografie, ma scattare immagini a caso non ti porterà molto lontano, soprattutto se vuoi utilizzare Instagram per i tuoi scopi di mercato. Il modo migliore, più veloce e più diretto per aumentare la conoscenza del marchio e per migliorare gli affari è quello di pubblicare le immagini del tuo prodotto in modo coerente: non devono essere perfette, devono solo mostrare i punti chiave e gli elementi principali del prodotto e interessare un ampio pubblico.

Lo stesso vale per i video: puoi importare i video dei tuoi lavoratori nella vita reale, oppure puoi fare delle recensioni dei prodotti in diretta. Qualsiasi cosa deciderai di fare, i video e le immagini si trasformeranno probabilmente in fenomeno del web, poiché la gente ama i media più dei contenuti e probabilmente li ricorderà nel corso degli anni. Se acquisisci un'altra attività e devi diventare famoso, a quel punto le foto e i video si riveleranno senza dubbio utili!

3. Concorsi

La gente ama i regali gratuiti, gli sconti e le offerte limitate nel tempo; questo è il motivo per cui non si può mai sbagliare indicendo un concorso. Un concorso è una vittoria per tutti: i tuoi clienti riceveranno un articolo o un servizio gratuito, mentre tu scoprirai la possibilità di ampliare la diffusione del marchio. Un approccio straordinario per utilizzare Instagram per i concorsi è quello di invitare le persone a condividere le loro immagini del tuo prodotto, e di premiare l'immagine più suggestiva o unica. Allo stesso tempo, puoi utilizzare diversi dispositivi che ti permettono di integrare senza fatica un feed Instagram o un feed hashtag nel tuo sito.

4. Monitora il Tuo Successo

Dare un seguito al successo della tua attività di marketing su Instagram è fondamentale. Fortunatamente, ci sono numerose applicazioni complete e adatte agli utenti che ti permettono di seguire lo sviluppo del cliente, di vedere quali sono i tuoi post più diffusi, di decidere quando è il momento giusto per pubblicare contenuti e così via. Per quanto questi elementi delicati possano apparire poco importanti, a prima vista, possono produrre qualsiasi effetto.

5. Collegati Con i Tuoi Utenti

Restare in contatto con i tuoi clienti è imperativo, soprattutto per le piccole e medie imprese che hanno un mercato di destinazione limitato. Puoi dimostrare ai tuoi clienti che ci tieni al loro contributo rispondendo semplicemente ai loro commenti o alle loro domande. Questo non solo attirerà i contenuti creati dagli utenti, ma aumenterà anche la validità e la penetrazione della tua attività. Cercate di non sminuire l'intensità dei tuoi follower di Instagram, in quanto possono contribuire al successo della tua attività!

Riassumendo, questi sono cinque dei modi ideali per utilizzare Instagram in modo efficiente per aumentare le offerte, aumentare il reddito e migliorare la notorietà del marchio.

CONCLUSIONE

Più account crei, più semplice sarà per te guadagnare denaro. Di regola, comunque sia, dovresti creare qualcosa come cinque conti Instagram, ed è meglio che ne crei anche di più. Piuttosto, è opportuno gestire alcuni account Instagram. Ci sono persone che vogliono creare account Instagram famosi che possono vendere ai follower dell'account. Tutti vogliono guadagnare denaro con Instagram in quanto si tratta di un'organizzazione informale importantissima. Se vuoi guadagnare in modo autentico, allora hai scelto un ottimo terreno che ti mostra tutto ciò che ti serve per guadagnare denaro. Puoi guadagnare soldi con Instagram e con altre piattaforme di comunicazione informale. Il modo per garantire che i tuoi contenuti vengano visti da un buon numero di follower è quello preparare bene i tuoi piani di marketing. Gli utenti di Instagram non si affidano più al wireless per una fonte di immagini. Ci sono alcuni utenti su Instagram che non cercano prodotti da acquistare. È necessario concentrarsi su come creare uno stipendio con Instagram, e sono sicuro che sarai uno di questi. Il modo per generare denaro con Instagram è quello di far conoscere i prodotti che adori utilizzando i link di affiliazione. A quel punto, non sarà difficile guadagnare denaro sul sito web. Successivamente, ti troverai in una situazione che ti permetterà di guadagnare soldi sul sito. Sei qui con l'obiettivo finale di imparare a fare soldi con Instagram. Adesso puoi guadagnare soldi con Instagram. Non puoi guadagnare soldi se non hai un prodotto da vendere. Inoltre, per poter guadagnare devi far sì che il tuo prodotto sia qualcosa di diverso. Quando farai ciò, potrai cominciare a guadagnare. Se stai pensando a come potresti guadagnare con Instagram, ti dirò subito come potresti fare. Se hai dei follower che si occupano di guadagnare denaro sul web, condividi il tuo link di riferimento in modo che possano affiliarsi con te per le commissioni di secondo livello. Hai tanti follower, dovresti ricevere molte offerte. Tante persone pensano che serva un gran numero di follower per guadagnare con Instagram, ma ciò non è esatto. Se hai veramente bisogno di aumentare i tuoi follower su Instagram, toccate il link evidenziato. I veri follower sono l'unico modo per sfruttare veramente Instagram. Non è come il selfie perfetto, per guadagnare denaro con Instagram devi avere tanti follower che accettano che tu sia influente.